EXCEL PRIMI PASSI

manuale rapido

di

MARCO CASTELLA

Edizione Novembre 2015

ISBN-10: 1519548658
ISBN-13: 978-1519548658

SOMMARIO

NOTE BIOGRAFICHE AUTORE

Marco Castella, Tecnico della Gestione Aziendale con specializzazione in Automazione d'ufficio Contabilità, Bilancio e Controllo.
Freelance dal 1998 nel settore consulenza e formazione informatica applicata alle attività d'ufficio.
www.marcocastella.it

Altre pubblicazioni:

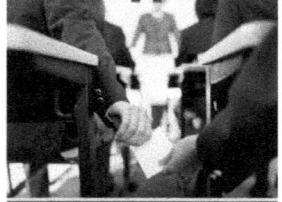

https://www.amazon.it/dp/B00HGWOJJ8

INDICE DELLE FIGURE

INTRODUZIONE

3..2..1.. al via con Excel

Prima di tutto Ti ringrazio per aver scelto il manuale EXCEL PRIMI PASSI.

Questo manuale è rivolto a te che ti avvicini per la prima volta a Excel o che l'hai già provato ma desideri partire dai "primi passi" per essere accompagnato verso un futuro da "camminatore" esperto.

Ti descrivo brevemente come è strutturato il manuale. Per facilitare la comprensione ti consiglio di seguire l'ordine degli argomenti come proposto dal sommario.

I Capitoli 1 e 2 ti presentano Excel, **l'ambiente di lavoro**, le funzionalità principali.

Nel Capitolo 3 trovi le **indicazioni essenziali** per le operazioni di creazione, salvataggio e apertura dei file di Excel (sono in gran parte nozioni comuni con altre applicazioni Windows).

Nei capitoli dal 5 al 8 prendi dimestichezza con le operazioni di **selezione, inserimento, eliminazione** righe e colonne. Le selezioni possono sembrare operazioni noiose ma sono fondamentali per compiere qualsiasi azione successiva come ad esempio formattare o copiare e incollare contenuti.

Nei capitoli dal 9 al 12 sei pronto per **inserire i dati** nel foglio e formattarli.

Nei capitoli 13 e 14 sei ormai in confidenza con Excel. Allora inizia a farlo lavorare con i **calcoli e i grafici**!

Infine, vuoi **stampare** i tuoi lavori su carta? Nel capitolo 14 trovi le indicazioni essenziali per la preparazione della stampa.

Un consiglio prima di iniziare...

Sperimenta senza paura di sbagliare. Anche se sbagli c'è sempre la possibilità di "annullare" e "ripristinare". Inoltre, fai sempre le copie di backup dei tuoi file. Se fai così sei al sicuro!

Siamo al via, non resta che fare il primo passo. Buon viaggio con Excel!

Per delucidazioni sul manuale puoi contattarmi: info@marcocastella.it

---

Risorse Web
Scarica le tabelle di esempio presenti nel manuale: www.marcocastella.it/excel-primi-passi/

1. COS'E' UN FOGLIO ELETTRONICO?

Un foglio elettronico è un grande "foglio a quadretti" nel quale possiamo scrivere testo, numeri, eseguire calcoli e realizzare grafici.

Ogni quadretto si chiama **Cella**.

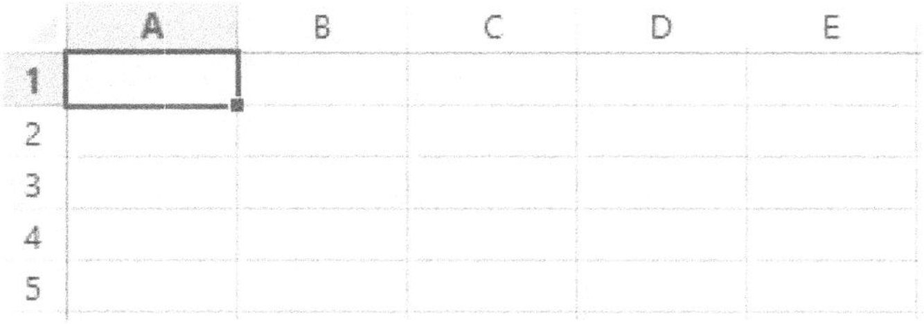

Figura 1 - Celle

Ogni cella è indentificata da

- una lettera, definita **intestazione di colonna** (esempio: "A")
- un numero, definita **intestazione di riga** (esempio: 1)

L'intersezione tra una riga e una colonna da origine alla cella (come nel gioco della "battaglia navale"). Nel nostro esempio la cella è A1.

Pertanto A1 è il **Riferimento** alla colonna A riga 1.

Questo sistema è fondamentale per fare calcoli.

I calcoli li affronteremo nel capitolo 13. Al momento analizziamo un esempio pratico per capire la logica di funzionamento del foglio elettronico. Calcoliamo il saldo mensile su una semplice tabella Entrate e Uscite (**Figura 2**).

	A	B	C	D
1	MESE	ENTRATE	USCITE	SALDO
2	gennaio	1000	600	400
3	febbraio	800	600	
4	marzo	800	800	

Figura 2 – Sottrazione

Su un **foglio di carta** faremmo il calcolo 1000 – 600 per il mese di gennaio; mese di febbraio 800-600; mese di marzo 800-800.

Con un **foglio elettronico** facciamo la stessa cosa! Però non facciamo il calcolo sui numeri contenuti nelle celle bensì utilizziamo il **Riferimento alle celle**, vale a dire B2, C2, B3, C3 ecc.

Nel nostro caso quali sono le celle che contengono i valori delle entrate e uscite? La colonna B contiene le Entrate mentre la colonna C le Uscite. Possiamo far comparire il risultato del saldo nella cella della colonna D.

Diciamo al foglio elettronico che **D2** è uguale a **B2-C2**. Per farlo dobbiamo:

·   posizionarci nella cella dove vogliamo far comparire il risultato. Nel nostro esempio la cella è **D2**;
·   scrivere la formula: **=B2-C2** e premere INVIO (Enter).

Se cambiano i numeri nelle celle il risultato resta sempre aggiornato.

Abbiamo scritto la nostra prima formula! Riguarda D2, il mese di gennaio. E per gli altri mesi?

Per i mesi di febbraio e marzo non riscriviamo la formula ma copiamo la formula scritta in D2

	A	B	C	D
1	MESE	ENTRATE	USCITE	SALDO
2	gennaio	1000	600	400
3	febbraio	800	600	
4	marzo	800	800	

Figura 3 – Sottrazione

· Ci posizioniamo sulla cella D2;
· portiamo il puntatore del mouse sul quadratino in basso a destra della cella D2.
· quando il puntatore del mouse assume la forma di croce nera (+) clicchiamo con il pulsante sinistro, teniamo premuto e trasciniamo verso il basso sulle celle D3, D4 ecc.

"Magicamente" compare il saldo anche per gli altri mesi, senza dover riscrivere la formula.

Il foglio elettronico "ha capito" che nelle celle D3 e D4 volevamo eseguire lo stesso calcolo fatto in D2, pertanto ha spostato automaticamente i riferimenti:

· D3 diventa uguale a B3-C3, risultato (800-600) = 200.
· D4 diventa uguale a B4-C4, risultato (800-800) = 0.

E così via se la tabella continuasse.

Questi passaggi li riprenderemo in modo approfondito nei capitoli 9 e 13 relativi al contenuto delle celle e ai calcoli.

2. L'AMBIENTE DI LAVORO EXCEL

Excel si presenta con una "pagina a quadretti". Questa si chiama **Cartella di lavoro**. Analizziamo gli elementi che compongono questa finestra

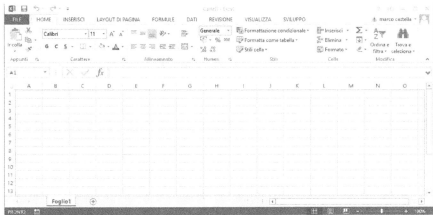

Figura 4 - Finestra Excel

Gli elementi della finestra Excel

Figura 5 - Barra di accesso rapido

Barra di accesso rapido (normalmente in alto a sinistra). Nella configurazione standard abbiamo i comandi Salva, Annulla e Ripristina.

Figura 6 - Barra dei menu

Barra dei menu organizzata a Schede. E' posizionata in alto sotto la barra del titolo e la barra di accesso rapido

Barra multifunzione: contiene i pulsanti con i comandi, a seconda della Scheda di menu selezionata.

Figura 7 - Barra multifunzione

E' possibile **nascondere la barra multifunzione**. Utilizza il pulsante che trovi in alto a destra, di fianco ai classici pulsanti di controllo della finestra (chiudi, riduci a icona).

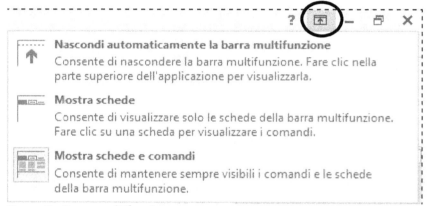

Figura 8 - Barra multifunzione

Nascondi automaticamente la barra multifunzione. La barra viene tenuta nascosta ma visualizzata al passaggio del mouse nella zona della barra stessa.

Mostra schede: visualizza solo le schede. I comandi vengono visualizzati quando clicchi sulle schede.

Mostra schede e comandi: è la visualizzazione standard con schede e comandi sempre visibili.

D2	▾	:	✕	✓	*fx*	=B2-C2	

	A	B	C	D	E	F
1	MESE	ENTRATE	USCITE	SALDO		
2	gennaio	1000	600	400		
3	febbraio	800	600			
4	marzo	800	800			
5						

La **BARRA DELLA FORMULA** permette di inserire o modificare un valore (es: 400) o la formula (=B2-C2) nella cella attiva. In seguito capiremo cosa sono le formule.

L'INTESTAZIONE DI RIGA è la prima colonna sulla sinistra, numerata (1,2,3, ecc..).

L'INTESTAZIONE DI COLONNA è la fascia orizzontale con le lettere dell'alfabeto (A,B,C,D,E,F, ecc..).

La lettera di intestazione colonna (esempio D), incrociata con il numero di intestazione di riga (esempio 2), permette di identificare la cella attiva (esempio D2).

La **CASELLA NOME** identifica la cella attiva, o un oggetto selezionato. Si trova sulla barra della formula, a sinistra (nel nostro esempio il nome è D2). La cella attiva è evidenziata anche da un bordo che la rende diversa rispetto alle altre celle del foglio.

Per inserire un valore in una cella

· **Seleziona la cella.** La puoi selezionare cliccando sulla cella oppure usando i tasti freccia sulla tastiera.

· **Scrivi.** Quello che scrivi compare sia nella cella che sulla barra della formula. Se scrivi formule e funzioni sulla barra della formula compare il testo della formula (=B2-C2; =SOMMA(B2:B4)) mentre nella cella compare il risultato.

Selettore del foglio

Figura 9 - Selettore fogli

In basso a sinistra della finestra di Excel trovi il selettore dei Fogli. Permette di scegliere il foglio su cui lavorare. E' possibile aggiungere, eliminare fogli e modificarne il nome o il colore della "linguetta". Con le frecce sulla sinistra navighi tra i fogli di lavoro quando non sono tutti visibili sulla barra.

La gestione dei Fogli

Clicca con il tasto destro del mouse su una qualsiasi "linguetta". Comparirà il menu rapido.

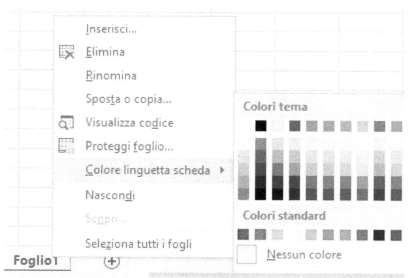

Figura 10 - Gestione dei fogli

Tramite il tasto destro puoi compiere tutte le operazioni di gestione del foglio (**Figura 10 - Gestione dei fogli**):

· Inserire un nuovo foglio (Inserisci…)
· Eliminare il foglio (Elimina).
· Cambiare nome al foglio (Rinomina).
· Spostare o copiare il foglio (Sposta o copia…).
· Proteggere il foglio (Proteggi foglio…).
· Colorare la linguetta (Colore linguetta scheda).
· Nascondere il foglio (Nascondi)

(Le operazioni di protezione del foglio le affronteremo nel capitolo 9 relativo al contenuto delle celle).

Per **aggiungere un foglio** puoi anche usare la barra multifunzione, scheda HOME, clicca sul **pulsante Inserisci**. Dal menu che compare clicca su **Inserisci foglio**.

Figura 11 - Pulsante Inserisci

Per Eliminare un foglio puoi anche usare la barra multifunzione, scheda HOME, clicca sul **pulsante Elimina**. Dal menu che compare clicca su **Elimina foglio**.

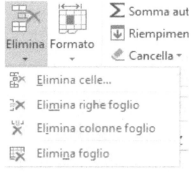

Figura 12 – Pulsante Elimina

ATTENZIONE! Eliminando un foglio elimini tutto il suo contenuto. E' un comando che non si può annullare.

Muoversi all'interno di un foglio

Sulla destra della finestra e in basso trovi le classiche barre di scorrimento verticale e orizzontale per muoverti nel foglio. In alternativa puoi usare la tastiera.

Alcune combinazioni veloci con la tastiera:

CTRL HOME ritorni velocemente alla cella A1.
CTRL freccia destra vai all'ultima colonna del foglio.
CTRL freccia sinistra vai alla prima colonna del foglio.
CTRL freccia in basso vai all'ultima riga del foglio.
CTRL freccia in alto vai alla prima riga del foglio.

3. IL MENU FILE

Con il menu File puoi:

· Creare una nuova cartella di lavoro.
· Salvare la cartella di lavoro.
· Aprire una cartella di lavoro già esistente.
· Stampare.
· Esportare (ad esempio in formato PDF).
· Chiudere la cartella di lavoro.

I file di Excel si chiamano cartelle di lavoro (da non confondere con le cartelle dei file di Windows).

Creare una nuova cartella di lavoro

Per creare una nuova cartella di lavoro puoi scegliere una delle seguenti alternative:

a. Dal menu **File** clicca sul comando **Nuovo,** poi su **Cartella di lavoro vuota.**

b. Clicca sul **pulsante Nuovo** della barra di accesso rapido (se è presente).

c. Posizionati nella cartella Windows dove vuoi creare il file di Excel, clicca con il pulsante destro del mouse e dal menu di scelta rapida che compare clicca sul comando Nuovo scegliendo Foglio di Microsoft Excel.

Salvare una cartella di lavoro

Per salvare una cartella di lavoro all'interno di una memoria di massa (hard disk, usb key, ecc) utilizza il comando Salva (o Salva con nome). Lo trovi nel menu File.

Il comando è raggiungibile anche dalla **Barra di accesso rapido** oppure con la scorciatoia da tastiera **MAIUSC+F12**.

Se la cartella di lavoro non ha ancora un nome verranno chiesti nome e posizione per il file. Si aprirà la seguente finestra

Figura 13 - Salva con nome (1)

Cliccare sul pulsante **Sfoglia** per aprire la classica finestra Salva con nome **(Figura 14)** oppure selezionare una delle cartelle recenti.

Verrà visualizzata la relativa finestra di dialogo Salva con nome.

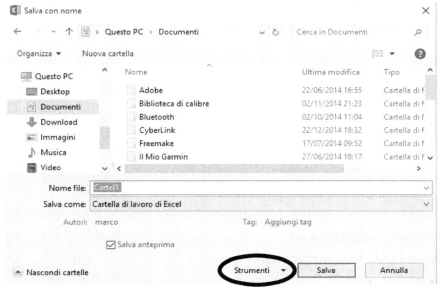

Figura 14 –Salva con nome (2)

La finestra **Salva con nome** ti permette di:

a. selezionare la posizione in cui salvare il file (computer, chiavetta USB, ecc);
b. assegnare un nome al file;
c. scegliere altre opzioni di salvataggio.

Cliccando su **Salva come (Figura 15)** puoi cambiare il tipo di file. Quello standard è "Cartella di lavoro di Excel". Può essere necessario salvare in altri formati per rendere il file compatibile con vecchie versioni di Excel, altri programmi (ad esempio Open Office, Libre Office) o sistemi operativi.

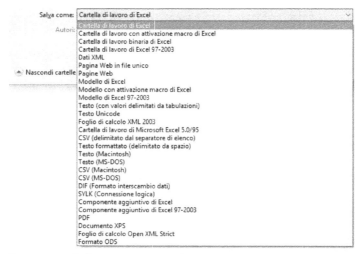

Figura 15 - Salva con nome (salva come...)

Se salvi la cartella di lavoro in un formato diverso da quello standard, le caratteristiche specifiche di Excel possono, in parte o integralmente, non restare memorizzate nel file. Salva nel formato "Cartella di lavoro di Excel 97-2003" per consegnare il file ad utente con una vecchia versione Excel.

Attribuire una password al file

Se vuoi proteggere il tuo file da occhi indiscreti o da modifiche indesiderate puoi attribuire una password di lettura e scrittura. Per attribuire una **password** al file che stai salvando clicca su **Strumenti** (v. Figura 14) e poi su **Opzioni generali.** Si aprirà una finestra nella quale impostare una **password di lettura** e una **password di scrittura**.
Impostando una **password di lettura** il file potrà essere aperto solo da chi conosce la password. La **password di scrittura**, invece, serve per proteggere il file da modifiche. Solo chi conosce questa password potrà apportare modifiche al file. Un file protetto con password in scrittura (senza

password in lettura) può comunque essere aperto in sola lettura.

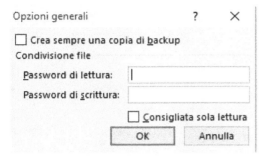

Figura 16 - Password file

Sempre nella finestra Opzioni generali puoi attivare l'opzione **crea sempre una copia di backup**. Con questa opzione attivata, ad ogni salvataggio verrà creata una copia di backup del file precedente. E' utile qualora volessi poi recuperare una vecchia versione del file.

Aprire fogli elettronici

Con il comando **Apri** nel menu File (scorciatoia da tastiera **CTRL+F12**) puoi cercare e riaprire cartelle già salvate in precedenza. Per aprire in modo rapido una delle ultime cartelle di lavoro utilizzate è possibile selezionarne il nome dall'elenco visualizzato in cartelle di lavoro recenti, dal menu File (**Figura** 17). Altrimenti fare clic su **Computer** e poi pulsante **Sfoglia** per cercare i file sul proprio computer (**Figura 18**).

Figura 17 – Apri file recenti

Figura 18 - Apri file

Cliccando sul pulsante sfoglia (**Figura 18**) comparirà la classica finestra Apri (Figura 19). Le cartelle di lavoro di Excel hanno estensione **XLSX** e sono identificabili tramite l'icona con all'interno una X.

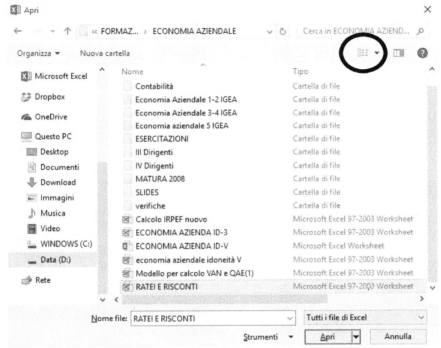

Figura 19 – Apri file (finestra)

Nella finestra Apri possiamo impostare la visualizzazione dei file con i dettagli. Di fianco ad ogni file viene indicato il Tipo e altre informazioni utili.

Chiudere

Il comando Chiudi, si trova nel menu File. Chiude la cartella di lavoro corrente. La chiusura della cartella di lavoro o del programma si ottiene anche con il comando **ALT+F4** da tastiera.

Al momento dell'uscita, se il contenuto della cartella non è ancora stato salvato, viene presentato un messaggio che richiede l'eventuale salvataggio delle modifiche apportate.

Figura 20 - Salvare le modifiche

Annulla non chiude la cartella di lavoro e torna alla situazione precedente.

Salva: la cartella di lavoro viene chiusa ma le modifiche restano salvate. Se non è ancora stato assegnato un nome al file questo verrà richiesto tramite la finestra Salva con nome (Figura 14 –Salva con nome).

Non salvare: la cartella di lavoro viene chiusa senza salvare le modifiche.

4. MODIFICARE LA VISUALIZZAZIONE

Excel permette di visualizzare il foglio di lavoro in diverse modalità. I comandi per modificare la visualizzazione li trovi nella scheda **VISUALIZZA,** sulla barra multifunzione. La modifica della visualizzazione a schermo non incide sulla stampa.

Figura 21 – Scheda Visualizza

· **Normale**: mostra il foglio di lavoro con le dimensioni riferite alla percentuale di Zoom impostata dall'utente.
· **Anteprima con interruzione di pagina**: visualizza il foglio suddiviso a pagine e consente di verificare come verrà stampato. E' possibile spostare le interruzioni di pagina, segnalate da linee colorate, normalmente blu. Puoi trascinarle a sinistra, a destra, in alto o in basso.
· **Layout di pagina**: visualizza il foglio come verrà stampato. Questa modalità è anche utile per impostare in modo rapido le intestazioni e i piè di pagina.
· **Griglia:** abilita o disabilita i "bordi sottili" delle celle;
· **Righello:** abilita/disabilità il righello
· **Barra della formula:** visualizza/nasconde la barra della formula
· **Intestazioni:** visualizza/nasconde le intestazioni di colonna (A,B,C, ecc…)
· **Zoom:** ingrandisce o riduce la visualizzazione, anche solo di alcune aree.

Blocca riquadri

Per semplificare la lettura di un foglio e sapere sempre a cosa si riferiscono i dati risulta comodo tenere "bloccate" le righe e le colonne contenenti titoli o intestazioni durante lo scorrimento del foglio di lavoro.

Ad esempio nella tabella seguente può essere utile tenere bloccata la riga di intestazione (riga 1) e la colonna con il nome del prodotto (colonna A). Scorrendo il foglio verso il basso la riga dell'intestazione (bloccata) resta sempre visibile.

Scorrendo il foglio verso destra la colonna A, contenente Prodotto, resta sempre visibile.

	A	B	C	D	E	F
1	PRODOTTO	TERMINE	LISTINO	% SCONTO	SCONTO	PREZZO SCONTATO
2	Lettore DVD	maggio	€ 79,50	40	€ 31,80	€ 47,70
3	Cell. SUNGLASS	aprile	€ 128,90	35	€ 45,12	€ 83,79
4	Cell. Marthy	maggio	€ 154,00	25	€ 38,50	€ 115,50
5	Lettore mp3	maggio	€ 89,90	22	€ 19,78	€ 70,12
6	Pendrive 1 Giga	giugno	€ 29,90	15	€ 4,49	€ 25,42
7	Pendrive 2 Giga	aprile	€ 37,50	15	€ 5,63	€ 31,88
8	Pendrive 4 Giga	giugno	€ 52,30	20	€ 10,46	€ 41,84
9	HD 80 Giga	aprile	€ 65,00	20	€ 13,00	€ 52,00
10	HD 150 Giga	aprile	€ 89,90	25	€ 22,48	€ 67,43
11	HD 250 Giga	giugno	€ 119,00	25	€ 29,75	€ 89,25
12	Campana 25 CD	maggio	€ 19,90	30	€ 5,97	€ 13,93
13	Campana 25 DVD	maggio	€ 28,90	30	€ 8,67	€ 20,23
14	Stampante Laser	giugno	€ 84,30	28	€ 23,60	€ 60,70
15	Scanner	aprile	€ 57,00	30	€ 17,10	€ 39,90
16	CD singolo	maggio	€ 1,10	25	€ 0,28	€ 0,83
17	DVD Singolo	maggio	€ 1,60	40	€ 0,64	€ 0,96
18	Modem ADSL	giugno	€ 45,50	15	€ 6,83	€ 38,68
19	Custodia portatile	aprile	€ 18,90	20	3,78	€ 15,12

Figura 22 - Blocca riquadri

Per bloccare la prima riga e la prima colonna

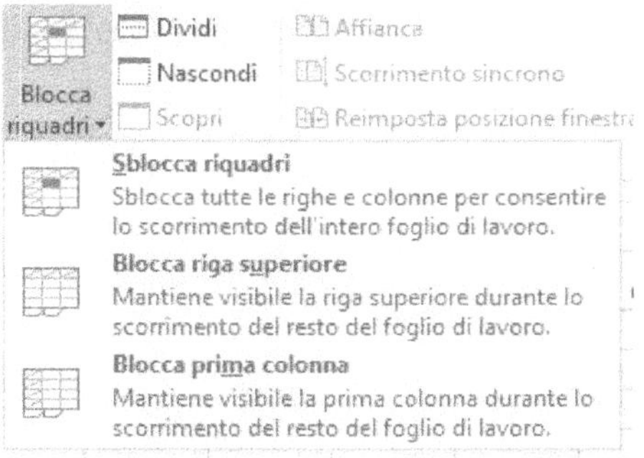

Figura 23 – Pulsante Blocca/Sblocca riquadri

Clicca sulla scheda **VISUALIZZA** (barra multifunzione) e poi clicca sul pulsante **Blocca riquadri**; dal menu che compare scegli Blocca riga superiore e Blocca prima colonna.

Per bloccare più di una colonna o più di una riga bisogna suddividere il foglio in riquadri con il comando **Dividi (Figura 23)**. A questo punto sul foglio compaiono due linee grigie "spesse", una verticale e una orizzontale (**Figura 24 –**

Queste due linee delimitano i riquadri da bloccare. Puoi spostarle trascinandole con il pulsante sinistro del mouse a destra o sinistra (quella verticale) e in alto o in basso (quella orizzontale).

Dopo aver posizionato i delimitatori dei riquadri nelle posizioni desiderate clicca sul pulsante **Blocca riquadri (Figura 23)**. Come prima voce del menu troverai "Blocca riquadri". Clicca.

Nella tabella di Figura 24 il delimitatore orizzontale è posizionato tra la riga 1 e la riga 2 (così resta bloccata la prima riga). Il delimitatore verticale è posizionato al termine della colonna A (così resta bloccata la colonna A).

	A	B	C	D	E	F	G	H
1	PRODOTTO	TERMINE	LISTINO	% SCONTO	SCONTO	PREZZO SCONTATO		
2	Lettore DVD	maggio	€ 79,50	40	€ 31,80	€ 47,70		
3	Cell. SUNGLASS	aprile	€ 128,90	35	€ 45,12	€ 83,79		
4	Cell. Marthy	maggio	€ 154,00	25	€ 38,50	€ 115,50		
5	Lettore mp3	maggio	€ 89,90	22	€ 19,78	€ 70,12		
6	Pendrive 1 Giga	giugno	€ 29,90	15	€ 4,49	€ 25,42		
7	Pendrive 2 Giga	aprile	€ 37,50	15	€ 5,63	€ 31,88		
8	Pendrive 4 Giga	giugno	€ 52,30	20	€ 10,46	€ 41,84		
9	HD 80 Giga	aprile	€ 65,00	20	€ 13,00	€ 52,00		
10	HD 150 Giga	aprile	€ 89,90	25	€ 22,48	€ 67,43		
11	HD 250 Giga	giugno	€ 119,00	25	€ 29,75	€ 89,25		
12	Campana 25 CD	maggio	€ 19,90	30	€ 5,97	€ 13,93		
13	Campana 25 DVD	maggio	€ 28,90	30	€ 8,67	€ 20,23		
14	Stampante Laser	giugno	€ 84,30	28	€ 23,60	€ 60,70		
15	Scanner	aprile	€ 57,00	30	€ 17,10	€ 39,90		
16	CD singolo	maggio	€ 1,10	25	€ 0,28	€ 0,83		
17	DVD Singolo	maggio	€ 1,60	40	€ 0,64	€ 0,96		
18	Modem ADSL	giugno	€ 45,50	15	€ 6,83	€ 38,68		
19	Custodia portatile	aprile	€ 18,90	20	3,78	€ 15,12		
20								
21								
22								

Figura 24 – Blocca riquadri

Per **Sbloccare** i riquadri utilizza il pulsante Blocca riquadri (**Figura 23**) scegliendo però il comando Sblocca riquadri.

5. SELEZIONARE CELLE, RIGHE, COLONNE

Acquisire dimestichezza con le selezioni è fondamentale per poter eseguire qualsiasi operazione di formattazione sui contenuti.

Le selezioni possono riguardare una singola cella, un insieme di celle, una riga o una colonna intera; a volte anche l'intero foglio.

Per iniziare qualsiasi tipo di selezione bisogna verificare di non essere in scrittura nella cella, altrimenti non sarà possibile selezionare altre celle.

Seleziona celle

Per **selezionare una singola cella** singola è sufficiente cliccare con il mouse sulla cella desiderata, o spostarsi con i tasti freccia sulla tastiera.

	A	B	C	D	E
1	MESE	ENTRATE	USCITE	SALDO	
2	gennaio	1000	600	400	
3	febbraio	800	600		
4	marzo	800	800		
5					

Figura 25 - Seleziona celle contigue

Per **selezionare un intervallo di celle contigue,** puoi usare il mouse, la tastiera o entrambi.

Seleziona celle con il mouse

Clicca sulla prima cella, tieni premuto il tasto sinistro del mouse e trascina la selezione fino all'ultima cella interessata. Durante lo spostamento del mouse vedi la selezione che si amplia o riduce, a seconda del tipo di movimento che stai facendo. Quando lasci il pulsante sinistro del mouse hai definito la selezione.

Nell'esempio di **Figura 25** - Seleziona celle contigue clicca su B2, tieni premuto il tasto del mouse, spostati in orizzontale/verticale fino a raggiungere D4. Lascia il pulsante sinistro del mouse. Restano così selezionate le celle B2,B3,B4, C2,C3,C4, D2,D3,D4.

Seleziona celle con la tastiera

Clicca sulla prima cella della selezione, tieni premuto il tasto **MAIUSC** (SHIFT) e spostati con i tasti freccia (tastiera) nella direzione in cui vuoi selezionare (verso l'alto, verso il basso, destra o sinistra).

Seguendo l'esempio precedente (**Figura 25**), seleziona la cella B2. Devi raggiungere la cella D4. Premi e tieni premuto il tasto MAIUSC (SHIFT) e spostati con i tasti freccia fino a quando raggiungi D4

Seleziona celle con il mouse e la tastiera

Clicca sulla prima cella della selezione, tieni premuto il tasto **MAIUSC** (SHIFT) e clicca sull'ultima cella che vuoi includere nella selezione.

Seguendo sempre l'esempio precedente (**Figura 25**), clicca su B2, premi e tieni premuto **MAIUSC** (SHIFT) poi clicca su D4.

Se vuoi **modificare la selezione** (ampliarla o ridurla) devi cliccare sulle celle da includere o escludere tenendo premuto il tasto **MAIUSC** (SHIFT) sulla tastiera.

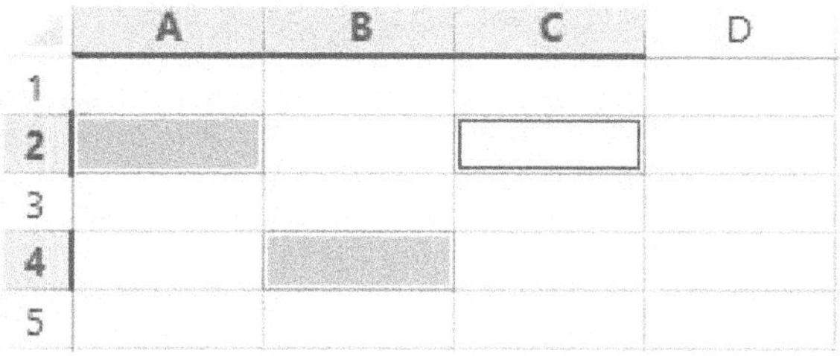

Figura 26 - Seleziona celle non contigue

Per **selezionare un insieme di celle non contigue** clicca sulla prima cella, premi (e tieni premuto) il tasto **CTRL**, clicca sulle altre celle da selezionare. Nell'esempio sono state selezionate le celle A2, B4, C2.

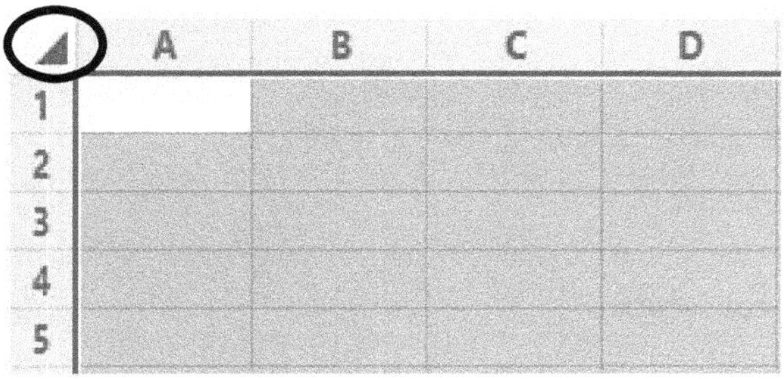

Figura 27 - Seleziona intero foglio

Per **selezionare tutte le celle del foglio** di lavoro clicca con il mouse nel punto in alto a sinistra (tra la lettera A e il numero 1).

Seleziona Righe

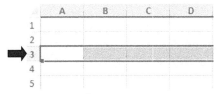

Figura 28 - Seleziona riga

Per **selezionare una riga** intera clicca con il pulsante sinistro del mouse sulla intestazione di riga. Nell'esempio è stata selezionata la riga 3.

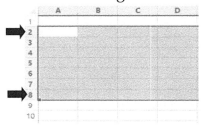

Figura 29 - Seleziona righe consecutive

Per **selezionare un gruppo di righe consecutive** puoi usare solo il mouse oppure il mouse in abbinamento con la tastiera.

Seleziona righe con il mouse:

· clicca sulla intestazione della prima riga oggetto di selezione. Nell'esempio di **Figura 29 Errore. L'origine riferimento non è stata trovata.**abbiamo cliccato sul numero 2;

· premi (e tieni premuto) il pulsante sinistro del mouse, spostati verso il basso (o verso l'alto) per estendere la selezione.

Seleziona righe con il mouse e la tastiera:

· cliccare sulla intestazione della prima riga oggetto di selezione;

· premere e tenere premuto il tasto **MAIUSC** (o SHIFT) e cliccare sulla intestazione dell'ultima riga oggetto di selezione.

Nell'esempio di **Figura 29** abbiamo cliccato sulla intestazione della riga 2 e tenendo premuto MAIUSC (o SHIFT) abbiamo cliccato sulla 8.

Per **selezionare righe NON consecutive**
· clicca sulla prima riga oggetto di selezione;
· premi e tieni premuto il tasto **CTRL** (tastiera);
· clicca sulle altre righe da includere nella selezione.

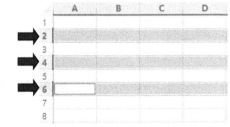

Figura 30 – Seleziona righe non consecutive

Nell'esempio abbiamo cliccato sulle intestazioni di riga 2, 4 e 6.

Seleziona Colonne

Per **selezionare una colonna intera** clicca con il pulsante sinistro del mouse sulla intestazione di colonna (

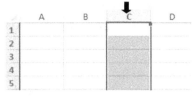

Figura 31 - Seleziona colonna

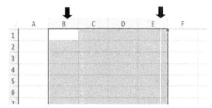

Figura 32 - Seleziona colonne consecutive

Per **selezionare un gruppo di colonne consecutive** puoi usare il mouse, oppure il mouse in combinazione con la tastiera.

Con il mouse:
· clicca sulla intestazione della prima colonna oggetto di selezione (nell'esempio abbiamo cliccato sulla lettera B);
· premi (e tieni premuto) il pulsante sinistro del mouse, spostati verso destra o verso sinistra per estendere la selezione.

Con il mouse e la tastiera:
· clicca sulla intestazione della prima colonna oggetto di selezione;
· premi (e tieni premuto) il tasto **MAIUSC** (o SHIFT) e

clicca sulla intestazione dell'ultima colonna oggetto di selezione.

Nell'esempio di **Figura 32** abbiamo cliccato sulla lettera B e tenendo premuto il tasto **MAIUC** (o SHIFT) abbiamo cliccato sulla lettera E.

Per selezionare colonne **NON consecutive**

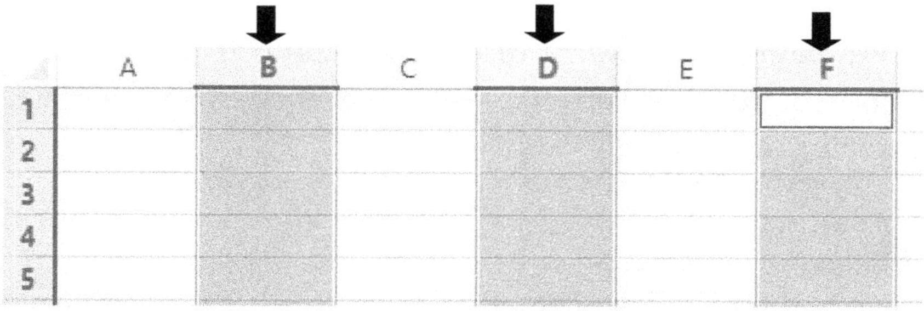

Figura 33 - Seleziona colonne non consecutive

· clicca sulla prima colonna oggetto di selezione

· Premi (e tieni premuto) il tasto **CTRL** sulla tastiera e clicca sulle altre intestazioni di colonna da includere nella selezione.

Nell'esempio abbiamo cliccato sulle intestazioni di colonna B, D e F tenendo premuto il tasto CTRL.

6. ANNULLA E RIPRISTINA

Prima di passare agli argomenti su inserimento dati, righe, colonne, eliminare, formattazione ecc.. vediamo cosa puoi fare quando ti accorgi di aver sbagliato a dare qualche comando.

Niente paura! Sulla barra di accesso rapido trovi i pulsanti per annullare gli errori commessi ma anche ripristinare le operazioni annullate.

Per **annullare l'ultimo comando eseguito** clicca sul pulsante Annulla (freccia rivolta all'indietro). Ripeti questa operazione in modo da annullare a ritroso tutti i comandi eseguiti, uno alla volta.

Hai eleminato una riga da una tabella? Con annulla la riga eliminata ricompare.

Per annullare più comandi contemporaneamente:

· clicca sulla freccia (rivolta verso il basso) accanto ad Annulla
· verrà visualizzato l'elenco delle operazioni eseguitiedi recente che è possibile annullare
· seleziona l'operazione che desideri annullare. Se l'operazione non è visualizzata scorri l'elenco.

Se vuoi **ripristinare l'ultima operazione annullata**, clicca sul pulsante Ripristina (freccia rivolta a destra). Ripeti questa operazione in modo da ripristinare a ritroso tutti i comandi annullati, uno alla volta.

Per ripristinare più comandi contemporaneamente:

· Clicca sulla freccia (rivolta verso il basso) accanto a Ripristina
· Verrà visualizzato l'elenco delle operazioni annullate di recente che è possibile ripristinare
· Seleziona l'operazione che desideri ripristinare. Se l'operazione non è visualizzata scorri l'elenco.

Quando annulli o ripristini un'operazione, vengono annullate/ripristinate automaticamente anche tutte le operazioni che la precedono nell'elenco.

7. INSERIRE CELLE, RIGHE O COLONNE

A volte sorge il bisogno di inserire, in una tabella già impostata una cella, una riga intera o una colonna intera.

Il comando Inserisci

· Clicca sulla Scheda di menu **HOME**
· Individua il **pulsante Inserisci** e cliccare sulla freccia verso il basso
· Si aprirà una menu nel quale puoi scegliere se inserire una cella, una riga, una colonna o un intero foglio di lavoro.

Figura 34 - Pulsante inserisci

In alternativa all'uso del pulsante Inserisci, clicca con il **pulsante destro del mouse** nel punto in cui vuoi inserire la riga o la colonna. Compare un menu contestuale nel quale puoi cliccare sul Inserisci.

Figura 35 – Finestra Inserisci celle

Si apre la **finestra inserisci celle** nella quale puoi scegliere se inserire singole celle, colonne o righe.

Se selezioni un'intera riga o un'intera colonna e poi esegui il comando Inserisci con il pulsante destro del mouse) la riga o la colonna nuova vengono aggiunte senza l'ulteriore conferma richiesta dalla finestra Inserimento celle.

Aggiungere una colonna ad un foglio di lavoro

	A	B	C	D	E
1	PRODOTTO	TERMINE	LISTINO	% SCONTO	PREZZO SCONTATO
2	Lettore DVD	maggio	€ 79,50	40%	€ 47,70
3	Cell. SUNGLASS	aprile	€ 128,90	35%	€ 128,90
4	Cell. Marthy	maggio	€ 154,00	25%	€ 154,00
5	Lettore mp3	maggio	€ 89,90	22%	€ 89,90

Ipotizziamo di voler inserire una colonna tra la D e la E per visualizzare lo sconto in valore.

· Seleziona una cella qualsiasi della colonna E , oppure seleziona l'intera colonna,

· Usa il comando Inserisci (colonna)

· La nuova colonna viene inserita a sinistra della colonna selezionata (Figura 36).

La colonna E è diventata F. Al suo posto abbiamo una nuova colonna E, pronta per accogliere i dati.

	A	B	C	D	E	F
1	PRODOTTO	TERMINE	LISTINO	% SCONTO		PREZZO SCONTATO
2	Lettore DVD	maggio	€ 79,50	40%		€ 47,70
3	Cell. SUNGLASS	aprile	€ 128,90	35%		€ 128,90
4	Cell. Marthy	maggio	€ 154,00	25%		€ 154,00
5	Lettore mp3	maggio	€ 89,90	22%		€ 89,90

Figura 36 - Inserisci Colonna

Aggiungere una riga ad un foglio di lavoro

	A	B	C	D	E
1	PRODOTTO	TERMINE	LISTINO	% SCONTO	PREZZO SCONTATO
2	Lettore DVD	maggio	€ 79,50	40%	€ 47,70
3	Cell. SUNGLASS	aprile	€ 128,90	35%	€ 128,90
4	Cell. Marthy	maggio	€ 154,00	25%	€ 154,00
5	Lettore mp3	maggio	€ 89,90	22%	€ 89,90

Ipotizziamo di voler inserire una riga prima dell'intestazione della tabella, vale a dire prima della riga 1.

· Seleziona su una cella qualsiasi della riga 1 oppure selezioniamo l'intera riga 1
· Usa il comando Inserisci (riga)
· La nuova riga viene inserita sopra quella selezionata

	A	B	C	D	E
1					
2	PRODOTTO	TERMINE	LISTINO	% SCONTO	PREZZO SCONTATO
3	Lettore DVD	maggio	€ 79,50	40%	€ 47,70
4	Cell. SUNGLASS	aprile	€ 128,90	35%	€ 128,90
5	Cell. Marthy	maggio	€ 154,00	25%	€ 154,00

Figura 37 - Inserisci riga

La riga 1 è diventata riga 2. Al suo posto abbiamo una nuova riga 1, pronta per accogliere eventuali dati.

8. ELIMINARE CELLE, RIGHE O COLONNE

Come puoi avere bisogno di inserire righe, celle, colonne allo stesso modo puoi eliminare righe, celle, colonne.

Il comando Elimina

· Clicca sulla Scheda di menu **HOME**
· Individua il **pulsante Elimina** e clicca sulla freccia verso il basso
· Si aprirà un menu dal quale puoi scegliere se eliminare una cella, una riga, una colonna o un intero foglio di lavoro.

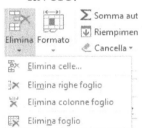

Figura 38 - Pulsante Elimina

In alternativa clicca con il **pulsante destro del mouse** sulla riga che vuoi eliminare. Compare il menu contestuale, clicca su Elimina. Si apre la **finestra Elimina** dalla quale puoi scegliere se eliminare singole celle, colonne o righe.

Figura 39 - Finestra elimina

Eliminare una colonna da un foglio di lavoro

Ipotizziamo di voler eliminare la colonna B.

· Posizionati su una cella qualsiasi della colonna B oppure seleziona l'intera colonna

· Usa il comando Elimina (colonna)

La colonna B (Termine) verrà eliminata, la colonna C diventerà B e così via tutte le altre che cambieranno intestazione.

	A	B	C	D	E
1					
2	PRODOTTO	TERMINE	LISTINO	% SCONTO	PREZZO SCONTATO
3	Lettore DVD	maggio	€ 79,50	40%	€ 47,70
4	Cell. SUNGLASS	aprile	€ 128,90	35%	€ 128,90
5	Cell. Marthy	maggio	€ 154,00	25%	€ 154,00

Figura 40 - Elimina colonna

Eliminare una riga da un foglio di lavoro

Ipotizziamo di voler eliminare la riga 1:

· posizionati su una cella qualsiasi della riga 1 oppure seleziona l'intera riga;

· usa il comando Elimina (riga)

La riga 1 (vuota in questo esempio) verrà eliminata; la riga 2 diventerà riga 1 e così via per tutte le altre che cambieranno intestazione.

	A	B	C	D
1				
2	PRODOTTO	LISTINO	% SCONTO	PREZZO SCONTATO
3	Lettore DVD	€ 79,50	40%	€ 47,70
4	Cell. SUNGLASS	€ 128,90	35%	€ 128,90
5	Cell. Marthy	€ 154,00	25%	€ 154,00

Figura 41 -Elimina riga

Eliminare alcune celle (senza eliminare la colonna)

In alcuni casi puoi aver bisogno di eliminare solo alcune celle anziché l'intera colonna o riga. E' utile quando nella stessa colonna o riga hai anche altri dati che non vuoi perdere. Facciamo un esempio pratico. Nella seguente tabella vuoi eliminare la colonna TERMINE, però nella stessa colonna, alle celle B22, B23, B24 hai anche altre informazioni. Pertanto, non volendo perdere queste informazioni non puoi eliminare l'intera colonna. Elimina solo le celle comprese tra B2 e B20.

	A	B	C	D	E
1					
2	PRODOTTO	TERMINE	LISTINO	% SCONTO	PREZZO SCONTATO
3	Lettore DVD	maggio	€ 79,50	40%	€ 47,70
4	Cell. SUNGLASS	aprile	€ 128,90	35%	€ 128,90
5	Cell. Marthy	maggio	€ 154,00	25%	€ 154,00
6	Lettore mp3	maggio	€ 89,90	22%	€ 89,90
7	Pendrive 1 Giga	giugno	€ 29,90	15%	€ 29,90
8	Pendrive 2 Giga	aprile	€ 37,50	15%	€ 37,50
9	Pendrive 4 Giga	giugno	€ 52,30	20%	€ 52,30
10	HD 80 Giga	aprile	€ 65,00	20%	€ 65,00
11	HD 150 Giga	aprile	€ 89,90	25%	€ 89,90
12	HD 250 Giga	giugno	€ 119,00	25%	€ 119,00
13	Campana 25 CD	maggio	€ 19,90	30%	€ 19,90
14	Campana 25 DVD	maggio	€ 28,90	30%	€ 28,90
15	Stampante Laser	giugno	€ 84,30	28%	€ 84,30
16	Scanner	aprile	€ 57,00	30%	€ 57,00
17	CD singolo	maggio	€ 1,10	25%	€ 1,10
18	DVD Singolo	maggio	€ 1,60	40%	€ 1,60
19	Modem ADSL	giugno	€ 45,50	15%	€ 45,50
20	Custodia portatile	aprile	€ 18,90	20%	€ 18,90
22		prezzo medio	€ 61,28		
23		prezzo massimo	€ 154,00		
24		prezzo minimo	€ 1,10		
25					

Figura 42 - Elimina celle

Seleziona le celle dalla B2 alla B20 (Figura 42).

Usa il comando **Elimina celle** e, nella finestra di dialogo scegli l'opzione "sposta le celle a sinistra" così le celle dalla C2 alla C20 vengono spostate in B2:B20, le celle D2:D20 andranno in C2:C20 mentre le celle E2:E20 andranno a sostituire D2:D20.

In sostanza tutto viene scalato di una colonna verso sinistra ma solo per le celle interessate, vale a dire dalla riga 2 alla riga 20.

	A	B	C	D	E
1					
2	PRODOTTO	LISTINO	% SCONTO	PREZZO SCONTATO	
3	Lettore DVD	€ 79,50	40%	€ 47,70	
4	Cell. SUNGLASS	€ 128,90	35%	€ 128,90	
5	Cell. Marthy	€ 154,00	25%	€ 154,00	
6	Lettore mp3	€ 89,90	22%	€ 89,90	
7	Pendrive 1 Giga	€ 29,90	15%	€ 29,90	
8	Pendrive 2 Giga	€ 37,50	15%	€ 37,50	
9	Pendrive 4 Giga	€ 52,30	20%	€ 52,30	
10	HD 80 Giga	€ 65,00	20%	€ 65,00	
11	HD 150 Giga	€ 89,90	25%	€ 89,90	
12	HD 250 Giga	€ 119,00	25%	€ 119,00	
13	Campana 25 CD	€ 19,90	30%	€ 19,90	
14	Campana 25 DVD	€ 28,90	30%	€ 28,90	
15	Stampante Laser	€ 84,30	28%	€ 84,30	
16	Scanner	€ 57,00	30%	€ 57,00	
17	CD singolo	€ 1,10	25%	€ 1,10	
18	DVD Singolo	€ 1,60	40%	€ 1,60	
19	Modem ADSL	€ 45,50	15%	€ 45,50	
20	Custodia portatile	€ 18,90	20%	€ 18,90	
22		prezzo medio	€ 61,28		
23		prezzo massimo	€ 154,00		
24		prezzo minimo	€ 1,10		
25					

9. IL CONTENUTO DELLE CELLE

Ogni cella di un foglio di lavoro può contenere un dato di tipo **testo, numerico, data, formula.**

Inserire un dato in una cella

1. Seleziona la cella;
2. digita il contenuto che può essere un testo, un numero, una data o una formula;
3. premi INVIO (o ENTER) per confermare l'inserimento.

Modificare il contenuto di una cella

1. Seleziona la cella;
2. clicca sulla barra della formula;
3. apporta le modifiche;
4. premi INVIO (o ENTER) sulla tastiera; oppure clicca sul pulsante "V" sulla barra della formula.

Altre strade: doppio clic sulla cella da modificare oppure, dopo aver selezionato la cella, premi **F2** (tastiera). In questi casi entri in editing "diretto" sulla cella.

Cancellare il contenuto di una cella

1. seleziona la cella o le celle;
2. premi il tasto **CANC (o DEL)** sulla tastiera. In alternativa, clicca con il pulsante destro del mouse e dal menu contestuale scegli **Cancella contenuto**

Testo

Excel riconosce come testo l'immissione di caratteri numerici. Per inserire un numero come fosse testo bisogna farlo precedere dal carattere apostrofo (') oppure assegnare alla cella il formato testo, prima di digitare. Una immissione che risulta più lunga dello spazio impostato dalla larghezza della colonna si estenderà sulle celle successive, alla destra di quella di immissione. Per modificare le dimensioni della cella v. par. La dimensione delle celle pag. 51.
I dati di tipo testo non si possono usare in operazioni matematiche.

Numeri

Il formato numerico comprende i numerici e i caratteri speciali: + - * / ( ) , L. % . E
Quando un numero è troppo grande rispetto alla larghezza della colonna Excel usa la notazione scientifica. Il numero 3,2E+05 significa 3,2*100000, cioè 320000. Se al posto del valore immesso compaiono i diesis (#######) significa che la colonna è attualmente troppo stretta per il formato della cella e occorre aumentare la sua larghezza.

Date

Immettendo le date correttamente è possibile effettuare dei calcoli su di esse (ad esempio calcolare quanti giorni sono trascorsi tra due date). Quando si digita una data se si omette l'anno Excel inserisce l'anno in corso. Se non si specifica il giorno Excel inserisce il 1° del mese in corso

Formule e Funzioni (v. capitolo Calcoli)

Proteggere il contenuto del foglio

Possiamo avere l'esigenza di proteggere il contenuto di un foglio di lavoro da modifiche indesiderate.

Figura 43 - Proteggi foglio (pulsante)

Per attivare la protezione del foglio clicca sul pulsante Proteggi Foglio. Lo trovi nella scheda **REVISIONE** della barra multifunzione.

Alternative: cliccare con il pulsante destro del mouse sulla "linguetta" del foglio da proteggere (v. par. La gestione dei Fogli - Figura 10 - Gestione dei fogli) oppure usare il pulsante Formato sulla scheda HOME della barra multifunzione.

In qualsiasi caso si aprirà la **finestra Proteggi foglio**

Figura 44 - Proteggi foglio (finestra)

Nella finestra di protezione foglio decidi tu quali sono **le operazioni consentite sul foglio** bloccato. Ad esempio può essere utile lasciare la libertà di selezionare le celle bloccate, oppure di cambiare il formato, o inserire righe e colonne (Figura 44 - Proteggi foglio (finestra).

Per rendere sicura la protezione imposta **la password**: solo chi conosce la password potrà rimuovere la protezione dal foglio.

Abbiamo protetto tutte le celle del foglio.

La protezione è utile in particolare per quelle celle che contengono calcoli complessi. Evitiamo così l'errore di cancellare le formule.

Come fare per proteggere solo alcune celle?

Secondo le impostazioni standard tutte le celle del foglio sono formattate come celle da bloccare. Per proteggere solo alcune celle devi seguire questa procedura:

1. Seleziona tutte le celle del foglio di lavoro (v. Seleziona celle pag. 28 e Figura 27)
2. **Apri la finestra Formato Celle** tramite il pulsante Formato. Lo trovi sulla scheda HOME della barra multifunzione
3. Clicca sulla scheda Protezione e disabilita la casella **Bloccata** (togliere il segno di spunta).
4. Conferma con OK
5. Seleziona sul foglio di lavoro solo le celle che vuoi bloccare.
6. Ritorna nella finestra Formato Celle, scheda protezione

7. Clicca sulla casella "Bloccata" (deve comparire il segno di spunta).
8. Conferma con OK

Per rendere attiva la protezione delle celle dobbiamo attivare la **Protezione del foglio** (v. pag. 46)

Abbiamo così bloccato solo le Celle desiderate

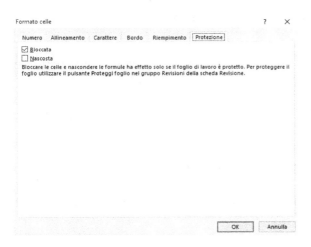

Figura 45 - Formato celle (protezione)

Riempimento automatico

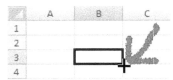

Figura 46 - Riempimento automatico

Quando posizioniamo il mouse sul quadratino posto in basso a destra della cella il puntatore del mouse assume la forma di **+** (un mirino).

Clicca con il tasto sinistro del mouse, tieni premuto e trascina in una delle quattro direzioni (alto, basso, destra, sinistra). Il contenuto della cella verrà copiato e in alcuni casi aggiornato.

Se la cella di partenza contiene un numero?

Il numero verrà copiato su tutte le celle selezionate (senza alcun tipo di incremento)

Se la cella di partenza contiene un testo?

Il testo verrà copiato su tutte le celle selezionate

Se la cella di partenza contiene un testo e un numero? Il testo verrà copiato e il numero verrà incrementato su tutte le celle selezionate.

A
1 PARTECIPANTE N. 1
2 PARTECIPANTE N. 2
3 PARTECIPANTE N. 3
4 PARTECIPANTE N. 4
5 PARTECIPANTE N. 5

Abbiamo scritto in A1 "PARTECIPANTE N. 1", con il riempimento automatico otteniamo in A2 "PARTECIPANTE N. 2" e così via.

Se la cella di partenza contiene una data?

Verrà incrementato il numero del giorno su tutte le celle selezionate. Abbiamo scritto in A1 01/10/2015. Con riempimento automatico otteniamo in A2 02/10/2015 e così via.

	A
1	01/10/2015
2	02/10/2015
3	03/10/2015
4	04/10/2015
5	05/10/2015

Se la cella di partenza contiene un valore appartenente ad uno degli elenchi conosciuti da Excel la cella successiva conterrà la voce successiva dell'elenco. Abbiamo scritto in A1 "LUNEDI'". Con il riempimento automatico otteniamo in A2 "MARTEDI'" e così via.

Lo stesso risultato lo otteniamo con i nomi dei mesi.

	A
1	LUNEDI
2	MARTEDÌ
3	MERCOLEDÌ
4	GIOVEDÌ
5	VENERDÌ
6	SABATO
7	DOMENICA

Progressioni di numeri

Inserisci in due celle adiacenti due numeri successivi (esempio: 1, 2). Se selezioni queste due celle e estendi il loro contenuto con **riempimento automatico** formerai una progressione numerica come nell'esempio seguente

	A			B
1	1	1		10
2	2	2		20
3	3	3		30
4	4	4		40
5	5	5		50
6	6	6		60
7	7	7		70
8	8	8		80
9	9	9		90
10	10	10		100

Se la cella di partenza contiene una formula, con riempimento automatico la formula viene estesa alle altre celle (v. Capitolo Calcoli, esempio funzione SOMMA)

La dimensione delle celle

La dimensione standard delle celle è sovente troppo stretta per ospitare contenuti, soprattutto testi. Puoi modificare la dimensione delle celle seguendo una delle tre strade:

a. con il pulsante formato (barra multifunzione)
b. con il pulsante destro del mouse
c. direttamente sul foglio.

Con il pulsante Formato

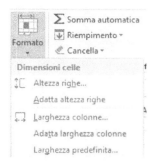

Figura 47 - Formato (pulsante)

Clicca sul pulsante Formato. Lo trovi nella scheda HOME della barra multifunzione.

Nel menu scegli tra le seguenti possibilità:

· **Altezza righe** o **Adatta larghezza colonna** per impostare manualmente l'altezza delle righe e la larghezza della colonna. Si aprirà una piccola finestra con le dimensione attuali modificabili

· **Adatta altezza righe** o **Adatta larghezza colonne** per impostare automaticamente le dimensioni in base al contenuto

E' utile modificare l'altezza della riga per scrivere il testo su più linee all'interno della stessa cella.

Con il tasto destro del mouse

Clicca con il tasto destro del mouse sulla intestazione di **colonna** oppure sulla intestazione di riga; apparirà il menu di scelta rapida nel quale puoi scegliere tra i comandi Larghezza colonna o Altezza riga. Si aprirà una piccola finestra per impostare le dimensioni.

Direttamente sul foglio

In alternativa puoi agire **direttamente e manualmente** sull'altezza riga e larghezza colonna. Posizionati sulla linea di divisione tra la colonna che desideri modificare e la colonna successiva. Nell'esempio modifichiamo la larghezza della colonna **E**. Premi (e tieni premuto) il pulsante sinistro del mouse e spostati (verso destra o sinistra) per ridimensionare la colonna. Per **adattare** la larghezza della colonna al suo contenuto **doppio** clic sulla linea di divisione tra le colonne.

Per modificare manualmente l'altezza della riga: posizionati sulla linea di divisione tra la riga che desidera modificare e la riga successiva. Nell'esempio modifichiamo l'altezza della riga 6. Premi il tasto sinistro del mouse e senza lasciarlo ridimensiona la riga (sposta il mouse in alto o in basso).

10. TROVARE E SOSTITUIRE

Puoi cercare velocemente qualsiasi valore, parola, frase o formula all'interno dell'intero foglio oppure di una selezione.

Clicca sul **pulsante Trova e seleziona** presente nella scheda HOME della barra multifunzione. Si aprirà un menu dal quale puoi cliccare su Trova... e Sostituisci... In entrambi i casi si apre la finestra Trova e sostituisci.

Figura 48 - Trova (finestra)

La finestra Trova e sostituisci è composta da due schede: una per la sola ricerca (Trova) e una per la **ricerca e sostituzione** (Sostituisci)

Per visualizzare tutte le opzioni disponibili clicca sul pulsante **Opzioni**.

Per Trovare **clicca sulla Scheda Trova.** Nella **casella Trova** digita il contenuto da cercare. Può includere qualsiasi lettera, numero, segno di punteggiatura. Non distingue tra maiuscole e minuscole, a meno che la casella di controllo "Maiuscole/minuscole" non sia attivata.

Per avviare la ricerca clicca sul pulsante **Trova tutti.** Per passare alla successiva occorrenza clicca sul pulsante **Trova successivo.**

Opzioni:

- **Maiuscole/minuscole:** distingue tra i caratteri maiuscoli e minuscoli durante la ricerca

- **Confronta intero contenuto della cella:** cerca solo le celle che corrispondono esattamente e completamente ai caratteri specificati nella casella Trova.

- **Cerca**: determina la direzione di ricerca, lungo le righe o lungo le colonne

- **Cerca in:** effettua la ricerca nelle formule delle celle, nei valori o nei commenti

Per sostituire automaticamente del testo **clicca sulla scheda Sostituisci.** Nella casella Trova digita il testo che desideri ricercare. Nella casella Sostituisci digita il testo che andrà a sostituire quello trovato.

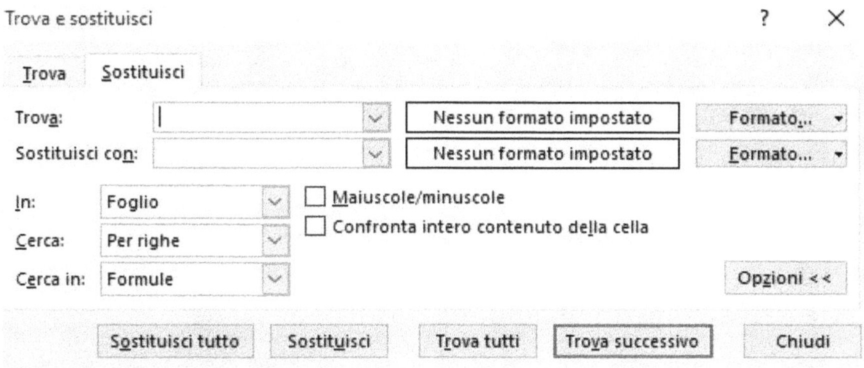

Figura 49 - Sostituisci (finestra)

Clicca sul pulsante **Sostituisci tutto** per effettuare l'operazione con un unico passaggio e sostituire tutte le occorrenze. Altrimenti puoi usare la combinazione **Trova successivo** e **Sostituisci** per sostituire una occorrenza alla volta.

11. COPIARE, SPOSTARE E CANCELLARE

Excel permette di copiare o spostare parti di tabelle attraverso i comandi Taglia, Copia e Incolla.

Con il comando **Taglia** la selezione viene rimossa dal foglio, collocata negli "appunti", disponibile per essere incollata successivamente in una nuova posizione.

Con il comando **Copia** la selezione viene copiata negli appunti per poi essere incollata in una nuova posizione.

La differenza rispetto a Taglia è che la selezione di origine non viene eliminata dal foglio.

Con il comando **Incolla** inserisci una copia di un contenuto degli "appunti", precedentemente ottenuto con i comandi Copia o Taglia, in un foglio o all'interno di una cella o della barra della formula.

Le selezioni possono essere costituite da una cella, un intervallo di celle contigue, caratteri contenuti in una cella o nella barra della formula, da un grafico o altro oggetto.

Con i comandi **Copia e Incolla** duplichi un contenuto.
Con i comandi **Taglia e Incolla** sposti un contenuto.

I comandi Copia, Taglia e Incolla li trovi nella scheda HOME della barra multifunzione.

Puoi usare gli stessi **comandi da tastiera**, con le seguenti combinazioni di tasti:

·   **Taglia**: premi **CTRL** e senza rilasciarlo premi **X**
·   **Copia:** premi **CTRL** e senza rilasciarlo premi **C**
·   **Incolla:** premi **CTRL** e senza rilasciarlo premi **V**

Un'altra alternativa è l'utilizzo del **tasto destro del mouse:**

1.   Seleziona la cella o le celle che vuoi copiare/tagliare

2.   Clicca con il tasto destro del mouse e nel menu contestuale clicca sul comando Taglia (per spostare) o Copia (per copiare).

3.   Seleziona la cella di destinazione, clicca con il tasto destro del mouse e nel menu contestuale clicca sul comando **Incolla**.

Le varie strade: barra multifunzione, tastiera o tasto destro del mouse sono interscambiabili. Vale a dire che puoi ad esempio usare Taglia sulla barra multifunzione e poi usare CTRL V per incollare. Oppure puoi usare il tasto destro del mouse per il comando Copia e poi la barra multifunzione per incollare, e così via con le varie combinazioni.

12. FORMATTARE IL FOGLIO

La formattazione consiste nel cambiare l'aspetto della rappresentazione dei dati sul foglio. Il contenuto di ogni cella può essere personalizzato in modo differente da ciascun'altra.

Excel mette a disposizione **diversi strumenti** per la formattazione del foglio.

Puoi intervenire sul tipo, la dimensione e il colore dei caratteri; Puoi assegnare colori diversi alle celle per rendere alcune parti più evidenti di altre. Puoi allargare le colonne o aumentare l'altezza delle righe per rendere sempre visibile il contenuto delle celle. E molto altro.

Prima di utilizzare un qualsiasi comando di formattazione devi **selezionare le celle interessate**.

Per formattare i contenuti puoi usare i pulsanti sulla barra multifunzione, scheda HOME, oppure i comandi nella finestra Formato celle.

Figura 50 - Formattazione celle barra multifunzione

Formato Celle

Per aprire la finestra Formato celle clicca sul **pulsante**

Formato

Formato, si aprirà un menu nel quale devi cliccare su **Formato celle**. Il pulsante formato si trova nella scheda HOME, sulla barra multifunzione.

In alternativa clicca con il pulsante destro del mouse sulle celle da formattare, comparirà il menu contestuale nel quale devi cliccare su Formato celle.

In ogni caso si aprirà la finestra Formato celle.

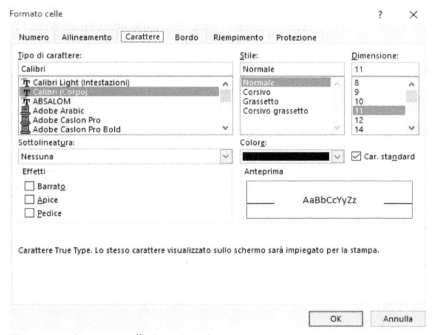

Figura 51 - Formato celle (carattere)

Dalla finestra Formato celle oppure dalla barra multifunzione puoi agire su:

· L'estetica della cella: formattazione del **Carattere**, **Riempimento** cella, **Bordo** e **Allineamento**

· Formattazione **Numero** (e date)

Formattare il carattere

Calibri ⏷ 11 ⏷ A A Puoi modificare il **tipo di carattere e la dimensione**, lo **stile** del carattere: Grassetto (**G**), Corsivo (*C*), sottolineato (S) e doppia sottolineatura, Il

G C S ⏷ · A ⏷

colore del carattere.

Colore di riempimento

Per modificare il colore di riempimento delle celle puoi usare il pulsante sulla barra multifunzione, scheda Home, oppure la finestra Formato Celle, **scheda Riempimento**.

(Figura 52)

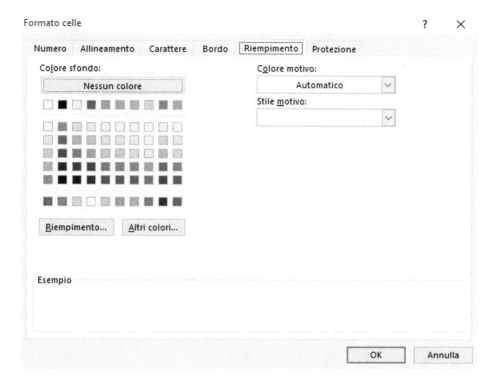

Figura 52 - Formato celle (riempimento)

Bordi

Il comando **Bordi**, sulla barra multifunzione, offre una vasta gamma di scelta per la posizione del bordo, lo stile della linea, le dimensioni e i colori.

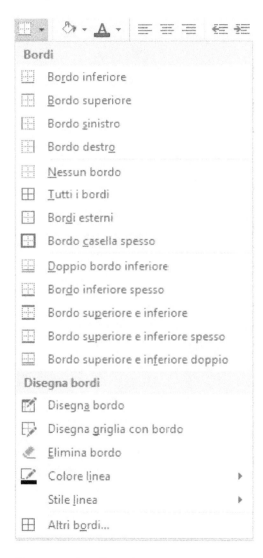

Figura 53 - Bordi - pulsante

Puoi applicare i bordi ad una singola cella o ad un'area selezionata.

Clicca su **Altri bordi...** per aprire la finestra Formato Celle, scheda Bordo. In questa finestra puoi andare a "costruire" il bordo intorno alla cella tramite i pulsantini (area personalizzato). Vedi in anteprima l'effetto atteso nel riquadro "Personalizzato".

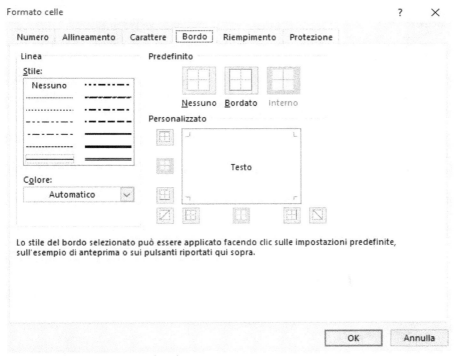

Figura 54 - Formato celle (bordo)

Allineare e orientare il testo

Figura 55 - Allineamento (barra multifunzione)

Nel **raggruppamento Allineamento** (scheda HOME barra multifunzione) scegli il tipo di allineamento da applicare al contenuto della cella, sia esso costituito da numeri, lettere o date.

Hai a disposizione due tipi di allineamento:

· gli **allineamenti orizzontali**: sinistra, centro, destra e
· gli **allineamenti verticali**: in alto, al centro in basso.

L'effetto dell'allineamento verticale lo noti quando hai una riga con una altezza più elevata di quella standard.

Allineamento verticale in alto (A1) al centro (B1) in basso (C1).

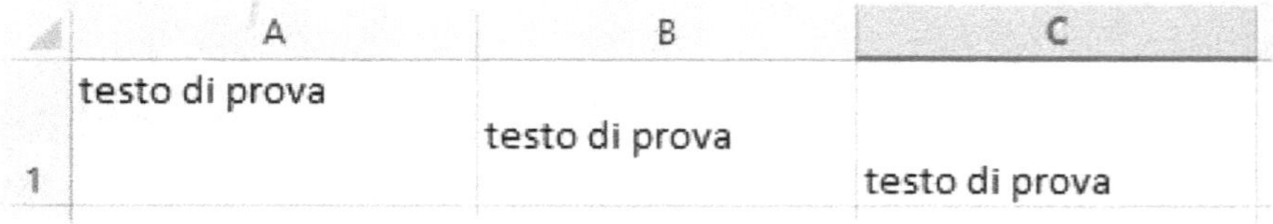

	A	B	C
1	testo di prova	testo di prova	testo di prova

Figura 56 - Allineamento testo

Oltre l'allineamento puoi anche cambiare **l'orientamento del testo (Figura 57):** inclinato in senso antiorario (A1), orario (B1), verticale (C1), ruotato verso l'alto (D1), ruotato verso il basso (E1).

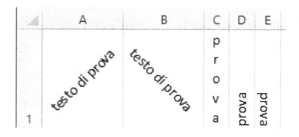

Figura 57 - Orientamento testo

Il comando **Testo a capo** (**Figura 58**) dispone il testo su più linee in modo da poterlo visualizzare tutto, ma sempre all'interno della cella.

Nell'esempio seguente, il contenuto della cella A1 è troppo lungo rispetto alla larghezza della colonna, pertanto si sovrappone alla cella B1. Se per ragioni di spazio non puoi modificare la larghezza della colonna allora puoi distribuire il testo su più linee, come nella cella A2, con il comando testo a capo.

	A	B
1	la dama sala la salsa	
	la dama	
	sala la	
2	salsa	

Figura 58 - Testo a capo

Il comando Testo a capo lo trovi sulla barra multifunzione (**Figura 55**) o nella scheda Allineamento della finestra formato celle (**Figura 60**).

Il comando **Unisci** (**Figura 55**) serve per unire le celle selezionate in una nuova cella di maggiori dimensioni. In questo modo è possibile creare etichette che occupano più colonne e centrarle, ad esempio, rispetto al contenuto sottostante (utile soprattutto per la centratura dei titoli).

Nell'esempio seguente la scritta *"termine promozione prodotti"* in quale cella è contenuta? E' contenuta in A1 ma viene sovrapposta sulla cella B1 e in parte sulla cella C1. Vogliamo centrare la scritta rispetto alla tabella sottostante.

Per ottenere il risultato desiderato seleziona le celle entro le quali centrare la scritta e clicca sul comando **Unisci e allinea al centro**

	A	B	C	D	E	F
1	TERMINE PROMOZIONE PRODOTTI					
2						
3	PRODOTTO	TERMINE	LISTINO	% SCONTO	PREZZO SCONTATO	
4	Lettore DVD	maggio	€ 79,50	40%	€ 47,70	

Unisci e allinea al centro ▾

le celle A1, B1, C1, D1, E1 vengono così unite in un'unica cella nominata A1 (vedi immagine seguente).
All'interno di questa cella puoi utilizzare tutti gli allineamenti visti in precedenza.

	A	B	C	D	E	F
1	TERMINE PROMOZIONE PRODOTTI					
2						
3	PRODOTTO	TERMINE	LISTINO	% SCONTO	PREZZO SCONTATO	
4	Lettore DVD	maggio	€ 79,50	40%	€ 47,70	

Figura 59 - Allineamento (unisci e centra)

I comandi per l'allineamento e l'orientamento del testo li troviamo oltre che sulla barra multifunzione, scheda HOME

(Figura 50 e Figura 55), anche nell'apposita finestra **Formato celle** (scheda allineamento).

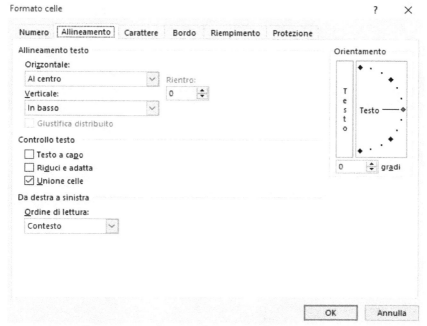

Figura 60 – Allineamento (finestra formato celle)

Numeri e Date

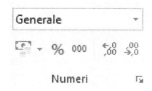

Figura 61 - Numeri (barra multifunzione)

Nel **raggruppamento Numeri** (scheda HOME barra multifunzione) scegli la formattazione per i numeri. La formattazione di default è impostata su "Generale", vale a dire nessun formato specifico. La categoria Generale va bene sia per il testo che per numeri. Dalla tendina puoi scegliere altre categorie.

Figura 62 - Formattazione numeri

Per Excel le categorie "Numero", "Valuta", "Contabilità", "Data", "Ora", "Percentuale", "Frazione" e "Scientifico" **sono tutte considerate come numeri**, ciascuno con un formato diverso.

Essendo numeri, con queste categorie possiamo eseguire operazioni di calcolo.

La categoria "Testo" è il formato per inserire frasi o parole all'interno delle celle.

Numeri decimali e numeri negativi

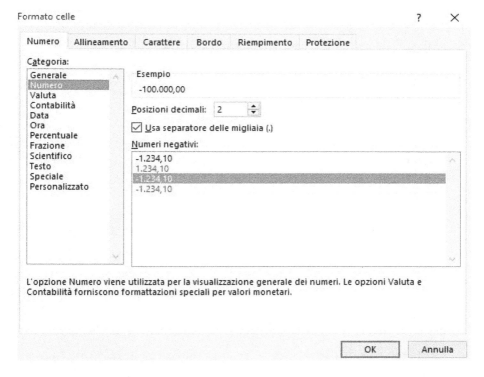

Per aggiungere o togliere le **posizioni decimali** puoi utilizzare i pulsanti aumenta decimali o diminuisci. La stessa opzione la trovi nella finestra Formato celle, categoria Numero.

Puoi anche visualizzare i **numeri negativi in rosso**.

Figura 63 - Formato celle (numero)

Simbolo di valuta e separatore delle migliaia

Non è necessario digitare il simbolo di valuta, il separatore delle migliaia o il separatore decimali mentre stai scrivendo i numeri; lo puoi fare in seguito.

% 000 Nella scheda HOME, raggruppamento Numeri trovi i comandi per inserire il simbolo di valuta e il separatore delle miglia.

€ 10.000,00 Esempio di numero formattato con simbolo di valuta, separatore migliaia e due decimali

Numeri percentuali

Per scrivere numeri percentuali puoi usare il simbolo % (per cento). Attenzione, se formatti con il simbolo % le celle che contengono già numeri, questi verranno moltiplicati x 100.

Le Date

Excel considera le date come il numero di giorni che intercorrono dal 1 gennaio 1900 fino alla data scritta nella cella. Immettendo le date correttamente è possibile effettuare calcoli sui giorni, mesi e anni (ad esempio calcolare quanti giorni sono trascorsi tra due date).

Le formattazioni accessibili dal menu a tendina (Errore. L'origine riferimento non è stata trovata.), in modo rapido, sono la **Data in cifre** (25/10/2015) e la **Data estesa** (domenica 25 ottobre 2015).

Per impostare altre visualizzazioni personalizzate entra nella finestra di Formato celle, scegli la categoria Data e il tipo di formattazione.

Puoi scegliere tra diversi formati di visualizzazione della data.

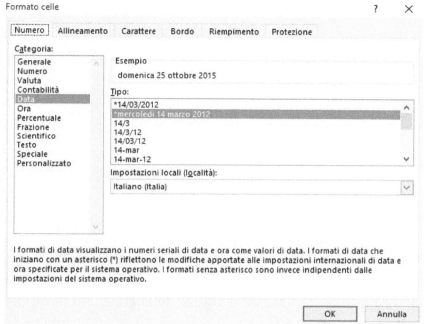

Figura 64 - Formato celle (numero, data)

Ordinamento dati

Puoi mettere una lista dati in ordine alfabetico, di numero o di data. Clicca sulla **scheda DATI** (barra multifunzione).

I pulsanti ordina dalla A alla Z (crescente) e dalla Z alla A (decrescente) ordinano gli elementi selezionati in ordine alfabetico a partire dalla prima lettera, dal numero più basso o dalla data più recente. Le liste di dati possono essere ordinate su più chiavi di ordinamento. Clicca sul pulsante Ordina si aprirà la finestra seguente.

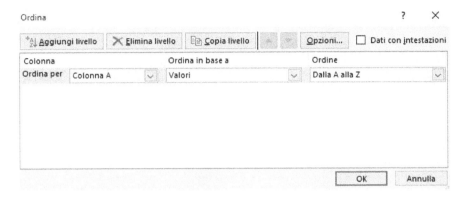

Figura 65 - Ordina (finestra)

Ordina per: scegli la colonna in base alla quale ordinare.

Ordina in base a: utilizza questa casella per scegliere di ordinare in base al valore, al colore della cella, al colore del carattere o icona cella.

Ordine: il contenuto di questa casella varia a seconda del valore scelto nella casella "Ordina in base a". Per i valori "dal più piccolo al più grande" pone all'inizio dell'elenco ordinato il numero più basso, le prime lettere dell'alfabeto o la data più remota. "dal più grande al più piccolo" (decrescente) pone all'inizio dell'elenco ordinato il numero più alto, le ultime lettere dell'alfabeto o la data più recente.

Le celle vuote vengono sempre poste alla fine.

L'opzione **Dati con intestazioni** serve per escludere dall'ordinamento la prima riga della selezione che viene considerata come intestazione della tabella.

Esempio di ordinamento

Per mettere la seguente tabella in ordine alfabetico (Prodotto) seleziona da A1 a E19 (tutta la tabella) e utilizza l'apposito pulsante per l'ordinamento.

Se vuoi ordinare per TERMINE di promozione seleziona tutta la tabella e nella finestra Ordina scegli **Ordina per colonna B** (Termine).

Se selezioni dalla colonna A1 alla E19 ricorda di abilitare l'opzione **Dati con intestazione** nella finestra Ordina. Invece se selezioni dalla cella A2 alla E19 non è necessario abilitare tale opzione.

	A	B	C	D	E
1	PRODOTTO	TERMINE	LISTINO	% SCONTO	PREZZO SCONTATO
2	Campana 25 CD	maggio	€ 19,90	30%	€ 13,93
3	Campana 25 DVD	maggio	€ 28,90	30%	€ 28,90
4	CD singolo	maggio	€ 1,10	25%	€ 1,10
5	Cell. Marthy	maggio	€ 154,00	25%	€ 154,00
6	Cell. SUNGLASS	aprile	€ 128,90	35%	€ 128,90
7	Custodia portatile	aprile	€ 18,90	20%	€ 18,90
8	DVD Singolo	maggio	€ 1,60	40%	€ 1,60
9	HD 150 Giga	aprile	€ 89,90	25%	€ 89,90
10	HD 250 Giga	giugno	€ 119,00	25%	€ 119,00
11	HD 80 Giga	aprile	€ 65,00	20%	€ 65,00
12	Lettore DVD	maggio	€ 79,50	40%	€ 79,50
13	Lettore mp3	maggio	€ 89,90	22%	€ 89,90
14	Modem ADSL	giugno	€ 45,50	15%	€ 45,50
15	Pendrive 1 Giga	giugno	€ 29,90	15%	€ 29,90
16	Pendrive 2 Giga	aprile	€ 37,50	15%	€ 37,50
17	Pendrive 4 Giga	giugno	€ 52,30	20%	€ 52,30
18	Scanner	aprile	€ 57,00	30%	€ 57,00
19	Stampante Laser	giugno	€ 84,30	28%	€ 84,30

Figura 66 - Ordina (tabella ordinata)

13. CALCOLI

Il foglio elettronico è detto anche foglio di calcolo. Una delle principali funzioni di Excel è proprio quella di eseguire operazioni di calcolo.

I comandi relativi ai calcoli li trovi nella scheda FORMULE sulla barra multifunzione.

Figura 67 –Formule (scheda barra multifunzione)

Calcoli con le formule

Le operazioni di base come addizione, sottrazione, moltiplicazione, divisione, potenza si possono combinare per scrivere espressioni matematiche da semplici a complesse.

Operazione	Operatore	Formula di esempio
Addizione	+	=A1+B1
Sottrazione	-	=A1-B1
Moltiplicazione	*	=A1*B1
Divisione	/	=A1/B1
Potenza	^	=A1^2

Per espressioni "complesse" si utilizzano le parentesi tonde. L'utilizzo delle parentesi tonde serve a stabilire le priorità nell'esecuzione delle operazioni.

Esempi:

=A1+B1/2 e diverso da **=(A1+B1)/2**.

La prima formula addiziona il valore di A1 al risultato di B1/2. La seconda formula esegue invece la somma dei valori contenuti in A1 e B1, il tutto diviso 2.

=(A1+B1)/(A2+B2) esegue la somma dei valori contenuti in A1 e B1, il tutto diviso la somma dei valori contenuti in A2 e B2.

Le funzioni

Per eseguire operazioni complesse Excel prevede formule "predefinite" chiamate **Funzioni.**

Excel propone una grande quantità di formule già predisposte per rendere più veloce il tuo lavoro.

Le funzioni più comuni sono SOMMA, MEDIA, MIN, MAX. La maggior delle funzioni riguarda funzioni matematiche, statistiche, finanziarie e logiche. Questo significa che per utilizzare una funzione bisognerebbe conoscere la base matematica della funzione stessa.

Tre regole fondamentali per usare le funzioni

1. Per effettuare un calcolo con una formula o una funzione bisogna posizionarsi nella cella dove vogliamo far comparire il risultato.
2. Tutte le formule e funzioni iniziano sempre con il simbolo = (uguale).
3. Nelle formule e funzioni non si utilizza lo spazio.

Il calcolo automatico

Normalmente l'aggiornamento dei calcoli avviene in modo automatico, pertanto modificando i valori nelle celle anche il risultato della formula viene aggiornato. Tuttavia esiste la possibilità di disabilitare il calcolo automatico.

Per attivare/disattivare il calcolo automatico clicca sul pulsante **Opzioni di calcolo** che trovi nella scheda FORMULE.

Il comando **Ricalcola** serve aggiornare tutti i calcoli sul Foglio di lavoro. E' utile nel caso in cui non è abilitato il calcolo automatico.

Figura 68 - Opzioni di calcolo

Alcuni semplici calcoli con formule e funzioni

In questo esempio viene calcolato il saldo mensile di cassa: differenza tra il valore contenuto nella cella B4 (colonna Entrate) meno il valore contenuto nella cella C4 (colonna Uscite). In D4 scriviamo la formula **=B4-C4.**

	A	B	C	D
1				
2	CASSA			
3	**Mese**	**Entrate**	**Uscite**	**Saldo mensile**
4	Gennaio	3.540,00	2.850,00	=B4-C4
5	Febbraio	2.870,00	3.150,00	
6	Marzo	3.200,00	2.950,00	
7	Aprile	3.150,00	1.870,00	
8	Maggio	3.190,00	2.705,00	

Il risultato verrà visualizzato nella cella D4 (colonna Saldo mensile).

D4		×	✓	f_x	=B4-C4

	A	B	C	D
1				
2	CASSA			
3	**Mese**	**Entrate**	**Uscite**	**Saldo mensile**
4	Gennaio	3.540,00	2.850,00	690,00
5	Febbraio	2.870,00	3.150,00	
6	Marzo	3.200,00	2.950,00	
7	Aprile	3.150,00	1.870,00	
8	Maggio	3.190,00	2.705,00	

Nelle celle D5, D6, D7 dobbiamo riscrivere la formula? NO, è sufficiente trascinarla in verticale (v. riempimento automatico).

I risultati dopo il trascinamento

| D6 | ▾ | : | ✕ | ✓ | fx | =B6-C6 |

	A	B	C	D
1				
2	CASSA			
3	**Mese**	**Entrate**	**Uscite**	**Saldo mensile**
4	Gennaio	3.540,00	2.850,00	690,00
5	Febbraio	2.870,00	3.150,00	- 280,00
6	Marzo	3.200,00	2.950,00	250,00
7	Aprile	3.150,00	1.870,00	1.280,00
8	Maggio	3.190,00	2.705,00	485,00

Le celle D5, D6, D7 e D8 contengono il risultato della formula. Notare come è cambiata la formula! In D6, ad esempio, troviamo scritto =B6-C6 e così via anche per le altre celle. Sono cambiati i Riferimenti (riferimenti relativi)

Il ragionamento

In D4 abbiamo scritto la formula =B4-C4. Trascinandola, Excel "ha pensato" che in D5 era necessario calcolare =B5-C5, in D6 calcolare =B6-C6 e così via.

Inserisci funzione

Per visualizzare le funzioni messe a disposizione da Excel, clicca sul comando **Inserisci funzione** nella scheda **FORMULE (Figura 67)**, oppure clicca sul pulsantino *Fx* sulla barra della formula.

Si apre la finestra Inserisci funzione.

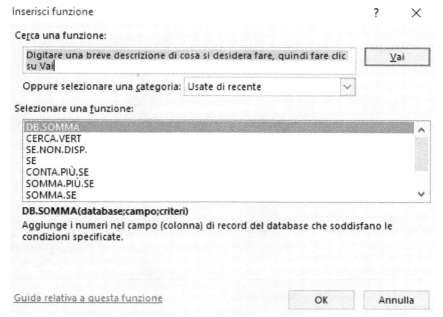

Figura 69 - Inserisci funzione (finestra)

In questa finestra puoi:

· cercare una funzione per nome o descrizione;
· scegliere la funzione desiderata e confermare con OK. A questo punto si apre, a seconda della funzione scelta, una finestra nella quale inserire i parametri. La procedura è guidata con istruzioni contestuali.

La sintassi delle funzioni

Ogni funzione è composta da alcuni elementi essenziali.

· Inizia sempre con il simbolo = (uguale)
· Seguito dal nome della funzione.
· =SOMMA(); =MEDIA(); =MAX(); =MIN() ecc..
· Tra le parentesi tonde inseriamo **gli argomenti**, vale a dire diciamo alla funzione quali dati elaborare.

Le funzioni SOMMA, MEDIA, MIN, MAX hanno come argomenti uno o più intervalli di celle.

Un **intervallo di celle** è un insieme di celle, definito dal riferimento alla prima e all'ultima cella. Tra i due riferimenti devono essere inseriti i due punti (:). Ad esempio l'intervallo A1:A7 comprende tutte le celle tra la A1 e la A7 (cioè A1, A2, A3, A4, A5, A6, A7).

Per inserire più di un argomento all'interno di una funzione, separiamo gli intervalli con il segno di punteggiatura **punto virgola** (;)

Esempi:

=SOMMA(A1:A7) esegue la somma di tutti i valori contenuti nelle celle dalla A1 alla A7

=SOMMA(A1:A7;C1:C7) somma i valori contenuti nelle celle dalla A1 alla A7 e delle celle dalla C1 alla C7

La funzione SOMMA()

Nell'esempio seguente sommiamo le Entrate dal mese di gennaio al mese di maggio. Ci posizioniamo in **B9** e scriviamo la funzione **=SOMMA(B4:B8)**. Stiamo dicendo a Excel "somma tutti i valori nell'intervallo da B4 a B8".

SE.NON.D... ▼	⋮	✕ ✓ *fx*	=SOMMA(B4:B8)	
	A	B	C	D	E
1					
2	CASSA				
3	**Mese**	**Entrate**	**Uscite**	**Saldo mensile**	
4	Gennaio	3.540,00	2.850,00	690,00	
5	Febbraio	2.870,00	3.150,00 -	280,00	
6	Marzo	3.200,00	2.950,00	250,00	
7	Aprile	3.150,00	1.870,00	1.280,00	
8	Maggio	3.190,00	2.705,00	485,00	
9	TOTALE	=SOMMA(B4:B8)			
10		SOMMA(**num1**; [num2]; ...)			

Figura 70 - Somma (esempio 1)

Confermiamo con INVIO (o ENTER) oppure clicchiamo sul simbolo di "spunta" presente sulla barra della formula. Il risultato compare in B9.

3	**Mese**	**Entrate**	**Uscite**	**Saldo mensile**
4	Gennaio	3.540,00	2.850,00	690,00
5	Febbraio	2.870,00	3.150,00 -	280,00
6	Marzo	3.200,00	2.950,00	250,00
7	Aprile	3.150,00	1.870,00	1.280,00
8	Maggio	3.190,00	2.705,00	485,00
9	**TOTALE**	15.950,00		

Figura 71 - Somma (esempio 2)

Per la colonna Uscite (C) e la colonna Saldo mensile (D) dobbiamo riscrivere la funzione? NO! E' sufficiente trascinare in orizzontale la cella B9 (v. Riempimento automatico pag. 49).

I risultati dopo il trascinamento

C9	▾	⋮	✕	✓	*fx*	=SOMMA(C4:C8)

	A	B	C	D
1				
2	CASSA			
3	**Mese**	**Entrate**	**Uscite**	**Saldo mensile**
4	Gennaio	3.540,00	2.850,00	690,00
5	Febbraio	2.870,00	3.150,00 -	280,00
6	Marzo	3.200,00	2.950,00	250,00
7	Aprile	3.150,00	1.870,00	1.280,00
8	Maggio	3.190,00	2.705,00	485,00
9	**TOTALE**	**15.950,00**	**13.525,00**	**2.425,00**

Figura 72 - Somma (esempio 3)

Le celle C9 e D9 contengono il risultato della funzione. Notare come sono cambiati gli intervalli nella formula!

In **C9** troviamo la funzione **=SOMMA(C4:C8)** e in **D9** la funzione **=SOMMA(D4:D8).** Sono cambiati i riferimenti (riferimenti relativi).

Il ragionamento di Excel

In B9 abbiamo scritto la funzione =SOMMA(B4:B8). Trascinando, Excel "ha pensato" che in C9 era necessario calcolare =SOMMA(C4:C8) e in D9 =SOMMA(D4:D8).

La Somma Automatica

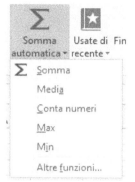

Figura 73 - Somma automatica (pulsante)

Il comando Somma Automatica permette di scrivere la funzione in modo automatico. E' sufficiente posizionarsi nella cella dove vuoi visualizzare il risultato e cliccare sul comando Somma Automatica poi sulla voce di menu Somma. Il comando Somma Automatica lo trovi nella scheda FORMULE (**Figura 67**).

Excel seleziona automaticamente l'intervallo di numeri da sommare.

Nell'esempio seguente (**Figura 74**) ci posizioniamo nella cella B9 e clicchiamo sul pulsante somma automatica. Excel "intuisce" che i numeri da sommare potrebbero essere quelli della colonna B, pertanto propone la funzione **=SOMMA(B4:B8)**

| SE.NON.D... ▼ | : | ✕ | ✓ | *fx* | =SOMMA(B4:B8) |

	A	B	C	D	E
1					
2	CASSA				
3	Mese	Entrate	Uscite	Saldo mensile	
4	Gennaio	3.540,00	2.850,00	690,00	
5	Febbraio	2.870,00	3.150,00 -	280,00	
6	Marzo	3.200,00	2.950,00	250,00	
7	Aprile	3.150,00	1.870,00	1.280,00	
8	Maggio	3.190,00	2.705,00	485,00	
9	TOTALE	=SOMMA(B4:B8)			
10		SOMMA(**num1**; [num2]; ...)			

Figura 74 - Somma (esempio 4)

Alcune altre funzioni di calcolo

La logica e la sintassi di queste funzioni è simile alla funzione SOMMA.

- **MEDIA**(*intervallo*) calcola la media dei numeri compresi nell'intervallo di celle selezionato.
- **MIN**(*intervallo*) restituisce il numero minimo di un intervallo di numeri.
- **MAX**(*intervallo*) restituisce il numero massimo di un intervallo di numeri.
- **CONTANUMERI**(*intervallo*) conta quanti valori numerici abbiamo in un determinato intervallo.

Anche queste funzioni puoi inserirle con il comando Inserisci funzione o con il pulsante Somma automatica.

La funzione SE()

La funzione SE serve per compiere operazioni differenti in base al controllo di una condizione (TEST). Quindi è possibile eseguire un'operazione se la condizione risulta VERA (se_vero) e un'altra operazione differente se la condizione è FALSA (se_falso).

SE(test; se_vero; se_falso)

Questa funzione contiene tre argomenti:

1. **Test:** è un valore o un'espressione qualsiasi che può dare come risultato VERO o FALSO. (Ad esempio, A1=10). E' un controllo. In questo argomento è possibile utilizzare qualsiasi operatore logico di confronto o un'ulteriore funzione logica.

2. **Se_vero:** è il valore che viene restituito quando test è VERO. Questo argomento può essere una stringa di testo, un numero, una formula o un'altra funzione.

3. **Se_falso:** è il valore che viene restituito se test è FALSO. Questo argomento può essere una stringa di testo, un numero, una formula o un'altra funzione.

Nell'esempio seguente (**Figura 75**), se il fatturato del cliente è maggiore di 5000 (o uguale a 5000) allora calcoliamo uno sconto del 10% altrimenti lo sconto è zero.

▲	A	B	C	D	E
1					
2	CLIENTE	FATTURATO	SCONTO		
3	BIANCHI	5000	=SE(B3>=5000;B3*10%;0)		
4	ROSSI	3000	0		
5	VERDI	5100	510		
6					

Figura 75 - Funzione SE (esempio 1)

Test: B3 è maggiore o uguale di 5000? Se VERO **allora** calcoliamo B3*10% **altrimenti** se FALSO scriviamo zero.

"Allora" e "altrimenti" sono rappresentati dal **punto e virgola** (;).

Il simbolo **>=** include anche 5000 nella scelta. Senza il segno di uguale 5000 non verrebbe incluso.

Trasciniamo la formula sulle celle C4 e C5 che faranno riferimento rispettivamente a B4 e B5.

Gli operatori per il test:

> maggiore; **<** minore; **<>** diverso; **=** uguale;
>= maggiore o uguale; **<=** minore o uguale

Riferimenti Relativi e Assoluti

Per eseguire un calcolo tenendo fermi i riferimenti ad una determinata cella si utilizza il segno **$** (riferimento assoluto) prima della lettera della colonna o del numero di riga.

Esempi:

Ci posizioniamo in B2 e scriviamo **=A2*$A$1**. Se trasciniamo questa formula in B3 essa diventerà **A3*$A$1**. E' stato mantenuto fisso (assoluto) il riferimento ad A1. Questa formula farà sempre riferimento ad A1. Se, invece, in B2 scriviamo **=A2*A1** e poi trasciniamo la formula in B3 essa diventerà **=A3*A2** (il riferimento è mobile, relativo).

Il riferimento assoluto lo possiamo attivare e disattivare anche dopo aver scritto la formula. Clicchiamo sulla barra della formula, ci posizioniamo prima della lettera di colonna e digitiamo il carattere $ oppure premiamo il tasto **F4** (tastiera) sia per inserire, sia per togliere i simboli $.

In questo esempio calcoliamo lo **sconto del 10%** se **B3>=5000**.

	A	B	C	D	E
1					
2	CLIENTE	FATTURATO	SCONTO	10%	5000
3	BIANCHI	5000	=SE(B3>=$E$2;B3*$D$2;0)		
4	ROSSI	3000	0		
5	VERDI	5100	510		
6					

Figura 76 - Funzione SE (esempio 2)

I contenuti per il test e per il calcolo anziché scriverli nella funzione (come costanti) li abbiamo scritti in una cella (diventano variabili), così se dovessimo cambiare le condizioni non dobbiamo modificare la funzione. Si dice che la funzione resta più "parametrizzata".

In questo caso bisogna utilizzare i riferimenti assoluti alla cella che contiene la percentuale di sconto (D2) e la cella che contiene la condizione di fatturato (E2).

Test: **B3>=$E$2.** Il riferimento assoluto è su **E2**

Calcolo sconto: **B3*$D$2**. Il riferimento assoluto è su **D2**

In questo modo, trascinando la funzione da C3 in C4 e C5, B3 diventerà B4 e B5 ma per la restante parte la funzione farà sempre riferimento a D2 e E2.

Se non avessimo messo il riferimento assoluto, D2 e E2 avrebbero "seguito" il trascinamento e sarebbero diventati D3, E3; D4, E4 ecc... con conseguenze sulla correttezza del calcolo.

14. GRAFICI

Quando scegliamo di rappresentare i dati in forma di grafico, è importante che il tipo di grafico scelto per la rappresentazione sia coerente con i dati da rappresentare. I grafici più comuni, di base, sono:

Istogramma

Grafico a linee

Grafico a torta

Grafico a barre

Istogramma: generalmente usato per rappresentare dati non continui. Ogni singolo dato è indipendente, cioè non ha alcuna relazione con gli altri. L'esempio rappresenta il totale entrate e uscite suddiviso per mesi.

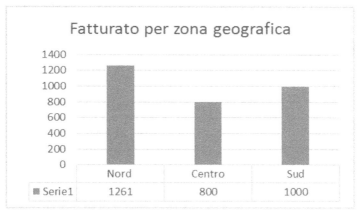

Figura 77 - Grafico istogramma

Il grafico a barre concettualmente è simile a istogramma. Le categorie vengono poste sull'asse verticale (asse Y) mentre i valori sono posti sull'asse orizzontale (asse X).

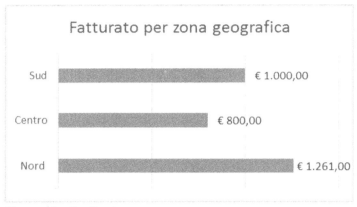

Figura 78 - Grafico barre

Il grafico a linee mostra le variazioni dei dati ad intervalli regolari, in un periodo di tempo. Questo tipo di grafico mette in risalto l'andamento dei dati nel tempo. Esempio: fatturato per tre prodotti nel corso dell'anno.

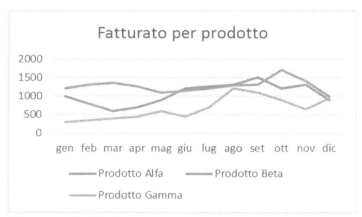

Figura 79 - Grafico linee

Il grafico a torta mette in evidenza l'incidenza di ogni singola parte sul totale delle parti. Ogni fetta rappresenta una parte (percentuale) del totale della torta che vale 100. L'esempio rappresenta la composizione percentuale del fatturato suddiviso in zone.

Figura 80 - Grafico torta

Come creare un grafico

1. **Seleziona l'intervallo di dati.**
   Nella selezione includi anche le colonne o le righe contenenti i testi da utilizzare come etichette nel grafico.

   Nella tabella dati seguente abbiamo selezionato non solo i valori ma anche le celle che contengono i nomi dei mesi e dei prodotti. Excel inserisce in automatico i nomi dei mesi sull'asse delle X e tre serie di dati (Alfa, Beta, Gamma) sull'asse delle Y.

	Prodotto Alfa	Prodotto Beta	Prodotto Gamma
gen	€ 1.000,00	€ 1.200,00	€ 300,00
feb	€ 800,00	€ 1.300,00	€ 350,00
mar	€ 600,00	€ 1.350,00	€ 400,00
apr	€ 700,00	€ 1.250,00	€ 450,00
mag	€ 900,00	€ 1.100,00	€ 600,00
giu	€ 1.200,00	€ 1.150,00	€ 450,00
lug	€ 1.250,00	€ 1.200,00	€ 700,00
ago	€ 1.300,00	€ 1.290,00	€ 1.200,00
set	€ 1.500,00	€ 1.300,00	€ 1.100,00
ott	€ 1.200,00	€ 1.700,00	€ 900,00
nov	€ 1.300,00	€ 1.400,00	€ 650,00
dic	€ 900,00	€ 1.000,00	€ 950,00

Figura 81 - Grafico (tabella dati)

2. Dalla scheda INSERISCI, sulla barra multifunzione, clicca sul pulsante **Grafici consigliati**.

3.

Figura 82 - Grafici (barra multifunzione)

Excel propone le tipologie di grafici più adatte, in base ai dati selezionati (v. finestra seguente). Clicca sul tipo di grafico che vuoi realizzare e poi sul pulsante OK.

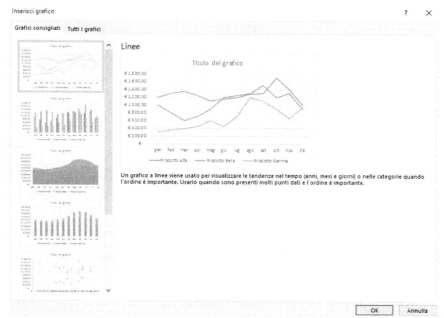

Figura 83 - Grafici consigliati

Elementi che compongono un grafico

Andiamo ad analizzare gli elementi che compongono un grafico. E' utile conoscerli per poter modificare il grafico che abbiamo creato.

Un grafico è racchiuso all'interno di un'area (riquadro) detta **area del grafico (Figura 84)** che contiene tutti gli altri elementi.

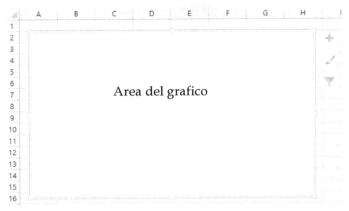

Figura 84 - Grafico (area del grafico)

Gli elementi contenuti nell'area del grafico sono:

· **Assi**: rappresentano l'asse delle ascisse X e l'asse delle ordinate Y (non sono presenti nei i grafici a torta). Nella Figura 85 gli assi rappresentano i mesi (asse X) e il fatturato (asse Y).

· **Griglia**: linee verticali e/o orizzontali che facilitano la lettura dei dati rappresentati graficamente. Nella Figura 85 abbiamo solo le linee orizzontali.

· **Legenda**: elementi identificativi delle varie serie rappresentate graficamente. Nella Figura 85 la legenda è nella parte inferiore dell'area del grafico (Prodotto Alba, Beta e Gamma).

· **Motivo**: trama o colore assegnato ai vari elementi di rappresentazione grafica dei dati (alle fette della torta, alle barre, alle linee ecc).

· **Rappresentazione grafica dei dati**: sono gli elementi grafici selezionati per realizzare il grafico (barre, torta, linee ecc.). Nella Figura 85 i dati sono rappresentati con un Istogramma.

· **Testi**: caselle di testo per etichette varie come titolo del grafico, titolo degli assi. Si possono modificare facendo doppio clic sul testo. Nella Figura 85 abbiamo il titolo del grafico e le caselle di testo per l'asse delle X (mesi) e l'asse delle Y (fatturato).

· **Valori**: sono rappresentati dai numeri riportati sull'asse delle ordinate (asse delle Y). Nella Figura 85 i valori sono riferiti al fatturato.

· **Zona del grafico:** comprende la totalità della rappresentazione grafica dei dati (assi, tracciato, titoli, legenda, ecc.).

· **Serie di dati:** Dati correlati tracciati in un grafico. Ciascuna serie di dati di un grafico è visualizzata con un colore o un motivo univoco ed è rappresentata nella legenda del grafico. In un grafico, è possibile tracciare una o più serie di dati. Nei grafici a torta è possibile rappresentare una sola serie di dati.

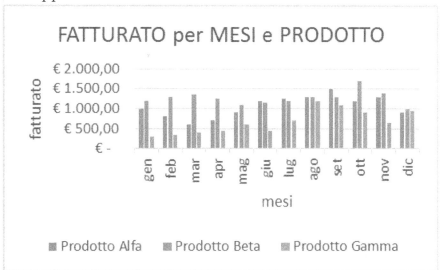

Figura 85 - Grafico (elementi)

Aggiungere/rimuovere elementi

Possiamo modificare il grafico in ogni suo elemento: titoli, sfondi, colori, tipi di carattere, angolo di prospettiva.
Clicchiamo sull'area del grafico per selezionarlo.
Quando il grafico è selezionato, sulla barra multifunzione compare la scheda **PROGETTAZIONE**.

Figura 86 - Grafico (scheda progettazione)

In questa scheda trovi i comandi per aggiungere e rimuovere elementi al grafico, cambiare, layout, colori, stili, tipo di grafico e le serie di dati.

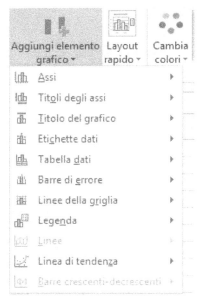

Figura 87 - Grafico (elementi e layout)

Per Aggiungere/Rimuovere elementi da un grafico clicca sul pulsante **Aggiungi elemento grafico.** Compare un menu dal quale è possibile scegliere gli elementi da aggiungere e/o rimuovere.

Il pulsante **Layout rapido** (Figura 87) consente di cambiare velocemente l'impostazione del grafico. Ad esempio se hai un grafico ad Istogramma puoi scegliere tra diversi tipi di istogrammi. Se hai un grafico a torta scegli tra diversi tipi di torte. Con questa opzione non cambi il tipo di grafico ma solo il layout.

Il pulsante **Cambia colori** (Figura 87) permette di scegliere tra un di set di colori prestabiliti.

Cambia tipo di grafico — Tipo
Sposta grafico — Posizione

Per cambiare il tipo di grafico, ad esempio passare da Istogramma a Torta, clicca sul pulsante **Cambia tipo di grafico**

Il pulsante **Sposta grafico** permette di spostare il grafico su un foglio separato, dedicato solo al grafico, oppure inserire il grafico come oggetto in un Foglio.

I pulsanti li trovi nella scheda PROGETTAZIONE sulla barra multifunzione (**Figura 86**)

Le serie di dati

Seleziona dati Per modificare le serie di dati del grafico clicca sul pulsante **Seleziona dati** (barra multifunzione scheda PROGETTAZIONE).

Si aprirà la finestra Seleziona origine dati.

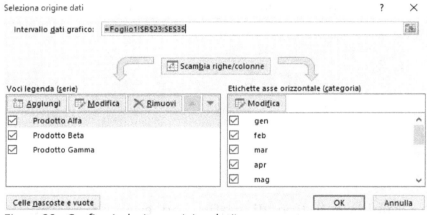

Figura 88 - Grafico (seleziona origine dati)

Nella finestra Seleziona origine dati puoi:

· modificare l'intervallo dati;
· aggiungere serie di dati;
· modificare le serie di dati già inserite nel grafico;
· rimuovere serie di dati;
· modificare le etichette dell'asse orizzontale;
· decidere se visualizzare le serie del grafico in Righe (se le serie dati sono contenute nelle righe della tabella) o

Colonne (se le serie dati sono contenute nelle colonne della tabella).

Per modificare l'intervallo di dati clicca sul campo **Intervallo dati grafico** e seleziona i dati sul foglio di lavoro (**Figura 88**)
Per modificare una serie clicca sul nome della serie (esempio Prodotto Alfa) e poi sul pulsante Modifica. Si aprirà la finestra di Modifica serie.

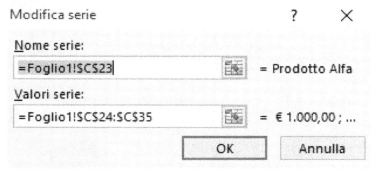

Figura 89 - Grafico (modifica serie)

La casella **Nome serie** può contenere il riferimento alla cella con l'etichetta della serie di dati; oppure direttamente il testo dell'etichetta (compare sull'asse orizzontale).
Dalla casella **Valori serie** puoi selezionare, sul foglio, i dati della serie (i dati sull'asse verticale).

15. PREPARAZIONE DELLA STAMPA

I comandi per preparare il foglio per la stampa li torvi nella scheda **LAYOUT PAGINA**, sulla barra multifunzione.

Figura 90 - Layout pagina (scheda)

Nel raggruppamento **imposta pagina** hai i comandi per impostare:

· i margini
· l'orientamento della pagina (verticale/orizzontale)
· le dimensioni della pagina (A4, A3, ecc…)
· l'area di stampa
· una immagine di sfondo
· la stampa dei titoli, utile quando vogliamo ripetere la riga dei titoli su tutte le pagine stampate.

Per gestire meglio le varie impostazioni può essere utile utilizzare la finestra di imposta pagina.

Per aprire **la finestra imposta pagina** clicca sulla freccia nell'angolo, in basso a destra, del raggruppamento imposta pagina.

I margini

Puoi scegliere tra i margini standard proposti dal pulsante Margini (barra multifunzione) oppure fare clic su **Margini personalizzati** per aprire la finestra **imposta pagina**.

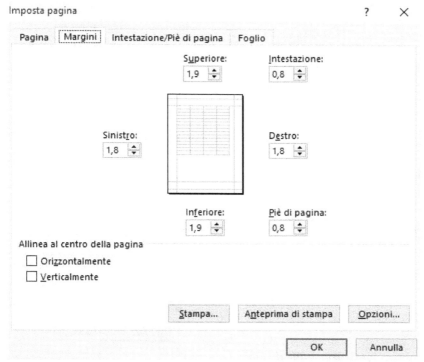

Figura 91 - Margini

Dalla **finestra Imposta pagina**, **scheda Margini**, imposti il margine sinistro, destro, superiore, inferiore, intestazione e piè di pagina come desideriamo.

Puoi inoltre impostare la centratura orizzontale e verticale. Mentre modifichi le varie impostazioni noti che il riquadro al centro della finestra visualizza in anteprima l'effetto delle tue modifiche.

Intestazione e Piè di pagina

Nella **finestra di Imposta pagina**, scheda Intestazione/Piè di pagina imposti il testo da stampare nella parte superiore e inferiore del foglio (su tutte le pagine stampate).

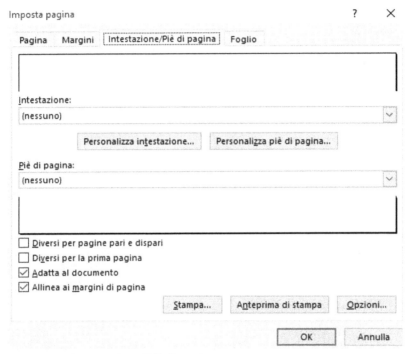

Figura 92 - Intestazione/Piè di pagina

Clicca sui pulsanti **Personalizza** per aggiungere/modificare l'intestazione o il piè di pagina. Comparirà la seguente finestra (**Figura 93**).

Figura 93 - Intestazione/Piè di pagina (personalizza)

Scrivi il testo negli apposti riquadri a sinistra, al centro e a destra.

Hai a disposizione una pulsantiera per modificare la formattazione del carattere e per inserire alcuni "campi speciali" come il numero di pagina, il numero totale di pagine, la data corrente, l'ora corrente, il percorso e il nome del file, il nome del foglio o anche inserire una immagine (ad esempio un logo).

La stampa

Prima di stampare definisci un'area di stampa (cosa stampare). Per definirla, seleziona sul foglio l'area che desideri stampare e clicca sul pulsante **Area di Stampa (Figura 90) e imposta area di stampa.**

Tramite lo stesso pulsante puoi **eliminare un'area di stampa** (non vengono cancellati i dati). L'area di stampa è delimitata da un tratteggio o da una linea sottile (che non viene stampata).

Puoi definire l'area di stampa anche tramite la **scheda Foglio** della finestra Imposta Pagina.

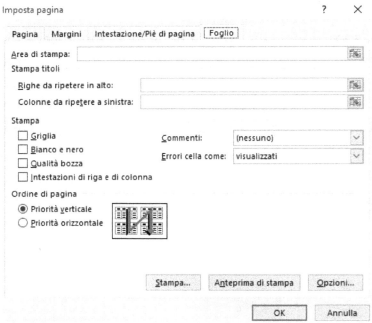

Figura 94 - Imposta pagina (foglio)

Nella scheda **Foglio,** oltre che l'area di stampa imposti anche le **righe da ripetere in alto** come intestazione di tabella **e le colonne da ripetere sulla sinistra**.

Questa impostazione può essere utile quando hai un elenco lungo da stampare su più pagine (ad esempio elenco di nominativi) e vuoi che le intestazioni di colonna vengano ripetute su tutte le pagine stampate.

Tra le altre opzioni puoi anche abilitare la stampa della **griglia delle celle e le intestazioni di riga e di colonna** di Excel.

Per **Stampare** non resta che fare clic sulla scheda **FILE** (barra multifunzione) e poi sul comando **Stampa**.

CONCLUSIONI

Eccoci! Siamo partiti dai primi passi e siamo arrivati al traguardo di questo percorso base.

Spero di essere stato il più completo possibile e soprattutto utile per la tua esperienza Excel.

Ma non finisce qui. Questo traguardo deve essere una nuova partenza. C'è sempre qualcosa di nuovo da scoprire.

Pertanto ti consiglio di sperimentare senza paura di sbagliare. Anche se sbagli, come hai visto c'è sempre la possibilità di annullare e ripristinare. E soprattutto ricordati sempre di fare le copie di backup dei tuoi file. Se fai così sei al sicuro!

Adesso mi piacerebbe conoscere la tua valutazione. La tua opinione è importante per migliorare il servizio.

Lascia una recensione per questo manuale su Amazon.it e se ti sei trovato/a bene consiglialo ai tuoi amici.

Grazie!